Begrüßung

Auszug aus der Rede von Prof. Bettina Erzgräber,
Rektorin der BURG, zur Eröffnung der Jahresausstellung am 12. Juli 2024

„Sehr verehrte Gäste,

guten Abend! Ich freue mich sehr, Sie alle hier begrüßen zu dürfen zur feierlichen Eröffnung der diesjährigen Jahresausstellung der Burg Giebichenstein Kunsthochschule Halle. Sie ist der Höhepunkt unseres akademischen Jahres. Wir öffnen die Türen weit und präsentieren der Öffentlichkeit die Arbeiten, die im vergangenen Studienjahr entstanden sind. Es sind Tage der Begegnungen und Gespräche, zu denen ich Sie herzlich willkommen heiße. Wir zeigen Ergebnisse aus Studium, Lehre und Forschung. Darüber hinaus geben wir Ihnen Einblicke in die Prozesse, also in das, was vor den Endprodukten passierte, und in das, was sich daraus entwickeln mag. Solche Einblicke ermöglichen Gespräche und Fragen, zum Beispiel nach einer Idee, nach einem ersten Impuls, nach einem Material, nach einem Warum überhaupt, wieso so und nicht anders und wozu. Im besten Fall können so die Gedanken zu kreisen beginnen: über Kunst, Design, Studium, Forschung und Lehre. Und welche gesellschaftliche Relevanz diesem Tun im Hier und Jetzt zukommen könnte und zukommt. Meine Rede ist eher eine Erzählung als ein objektiver Bericht. Sie handelt heute von Orten. Da ist von einem konkreten Ort zu berichten. Aber auch vom Verorten an einer Kunsthochschule, von einem inneren Gefühl des Verortetseins, des Hierseins.

Eine Erzählung also – auf der Suche nach dem richtigen Ort – im konkreten wie im übertragenen Sinne. Beginnen wir über den Neubau der Kunst zu sprechen. Schon bald soll er in der Seebener Straße gegenüber der Unterburg entstehen. Diese Erzählung beginnt in ferner Zeit im Jahr 1997, als das Land Sachsen-Anhalt ein Grundstück kaufte, um dort einen Atelierbau für den Fachbereich Kunst zu errichten. Wir sind noch nicht ganz beim Happy End angekommen, hoffen aber, den dramatischen Höhepunkt überwunden zu haben. Denn vor zwei Wochen hat der Finanzausschuss des Landtags endlich die notwendigen Mittel für

Welcome

Excerpt from the speech by Prof. Bettina Erzgräber,
Rector of BURG, at the opening of the Annual Exhibition on 12 July 2024

“Dear Guests,

good evening! It gives me great pleasure to welcome you all here: to the opening ceremony of this year's Annual Exhibition at Burg Giebichenstein University of Art and Design Halle. It is the highlight of our academic year. We are opening our doors and show the works that have been created over the past academic year to the public. I would like to welcome you to these days of encounters and discussions. We are presenting the results of our studies, teaching and research. In addition, we will give you an insight into processes, i. e. into what happened before the end products and what may develop from them. Such insights enable conversations and questions, for example about an idea, about an initial impulse, about a material, about why at all, why this way and not otherwise and what for. In the best case scenario, thoughts can begin to circulate: about art, design, studying, research and teaching. And what social relevance this activity could and should have in the here and now. My speech is more of a story than an objective report. Today it is about places. There is a specific place to report on. But also about being located at an art academy, about an inner feeling of being located, of being, of belonging here.

A story – in search of the right place – in both a concrete and figurative sense. Let's start by talking about the new building for the Art Faculty. It will soon to be built in Seebener Straße opposite Unterburg. This story begins in the distant past, in 1997, when the state of Saxony-Anhalt bought a plot of land to build a studio building for the Art Faculty. We haven't quite reached the happy ending yet, but we hope to have passed the dramatic climax. Because a fortnight ago, the state parliament's finance committee finally provided the necessary funds for the realisation of the competition design by Burger Rudacs Architects – it was precisely this realisation that was called into question several times last year. We are delighted that the state of Saxony-Anhalt has finally decided in favour of this high-quality building. I would like to

die Umsetzung des Wettbewerbsentwurfs von Burger Rudacs Architekten bereitgestellt – genau diese Umsetzung war im letzten Jahr mehrfach infrage gestellt worden. Wir sind froh, dass das Land Sachsen-Anhalt sich letztendlich für diese qualitativ hochwertige Architektur entschieden hat. An dieser Stelle möchte ich mich bei allen Unterstützer*innen und bei den Mitstreiter*innen aus unserem Ministerium für Wissenschaft, Energie, Klimaschutz und Umwelt bedanken, und vor allem bei den parlamentarischen Vertreter*innen der demokratischen Parteien. Diese haben uns in vielerlei Hinsicht sehr unterstützt, aber auch alle Aufmunterungen der Hallenser*innen, wenn ich in der Stadt unterwegs war, haben mir und uns Energie gegeben. Und nicht zuletzt danke ich der gesamten Hochschulgemeinschaft für die Unterstützung jedes einzelnen.

Eine Kunsthochschule ist ein konkreter Ort. In Ateliers, Seminarräumen und Werkstätten, aber auch in den Mensen, Cafeterien und Innenhöfen – ja, auch en passant auf den Fluren –, findet Studium, Forschung und Lehre statt. Im Laufe des Planungsprozesses wurde uns immer klarer, wie sehr wir auch die Räume dazwischen benötigen. Das sind die Orte, um sich über Klassen, Studiengänge und Fachbereiche hinaus zu begegnen, Projekte zu bearbeiten und neue Arbeitsfelder zu generieren.

Die BURG insgesamt ist ein Ort, an dem wir alle viel Lebenszeit verbringen, daher ist wichtig, ihn in jeglicher Hinsicht wertvoll zu gestalten. Und damit komme ich zu einem weiteren Kapitel. Das ist eher ein Bericht: Im letzten Studienjahr ist ein großes und vielschichtiges Problem zum Vorschein getreten, das uns alle an der BURG sehr beschäftigt: Wir sprechen von Diskriminierung, von Rassismus, von Machtmissbrauch – Themen, die uns gesellschaftlich insgesamt umtreiben. Themen, die auch an der BURG von Relevanz sind und ernsthaft behandelt werden müssen, in Vergangenheit, Gegenwart und Zukunft. Wir mussten erst mit der Nase darauf gestoßen werden, dass gerade viele ausländische Kommiliton*innen sich hier nicht verortet, nicht gesehen fühlen. Das Wie des Miteinanders von Studierenden, Mitarbeiter*innen und Kolleg*innen muss zwar stets neu verhandelt werden. Doch ist dies ungleich schwieriger, wenn ein kultureller Unterschied als Grenze und Abgrenzung verspürt wird.

take this opportunity to thank all our supporters and fellow campaigners from our Ministry of Science, Energy, Environment and Climate, and above all the parliamentary representatives of the democratic parties, which have been supportive in many ways. I am also grateful for all the encouragement from the people of Halle when I was out and about in the city gave me and us energy. And last but not least, I would like to thank the entire university community for their support.

An art academy is a concrete place. Studying, research and teaching take place in studios, seminar rooms and workshops, but also in the canteens, cafeterias and courtyards – yes, even en passant in the corridors. In the course of the planning process, we realised more and more how much we also need the spaces in between. These are the places where people can meet outside classes, study programmes and departments, work on projects and generate new fields of work.

BURG as a whole is a place where we all spend a lot of our lives, so it is important to make it valuable in every respect. And that brings me to another chapter. This is more of a report: in the last academic year, a major and complex problem has come to light that concerns all of us at BURG – in many different ways. We are talking about discrimination, racism, abuse of power – issues that concern us as a society as a whole. Issues that are also relevant at BURG and need to be dealt with seriously, in the past, present and future. We first had to be confronted with the fact that many foreign fellow students in particular feel neither at home nor seen here. The way in which students, staff and colleagues work together must always be renegotiated. However, this is much more difficult when a cultural difference is perceived as a boundary and demarcation.

We, BURG, "take a stand against right-wing extremist ideas and anti-democracy and oppose discrimination of any kind". This is what our mission statement says. However, we have to realise that it is not enough to say this, but that we still have to work on implementing the values we have set ourselves. And we all have to do this together. In addition to a new anti-discrimination advice centre and workshops that have taken place and will continue to take place, a special four-part series was held at the Jour Fixe

Wir, die BURG „beziehen Stellung gegen rechtsextremes Gedankengut und Demokratiefeindlichkeit und wenden uns gegen Diskriminierung jeglicher Art". So steht es in unserem Leitbild. Wir müssen aber feststellen, dass es nicht genügt, dies zu sagen, sondern dass wir an der Umsetzung unserer selbst gesetzten Werte noch arbeiten müssen. Und zwar alle gemeinsam. Neben einer Beratungsstelle gegen Diskriminierung, die neu eingerichtet wurde, und Workshops, die stattfinden und weiter stattfinden werden, konnte im Sommersemester eine vierteilige Sonderreihe im Jour Fixe realisiert werden. Der Titel: „Antidiskriminierung und Machtkritik". Im Wintersemester wird sie mit dem Schwerpunkt „Demokratie gegen Rechtsextremismus" weitergeführt werden. So, wie wir im gesellschaftlichen Miteinander immer wieder neu zu einem guten Miteinander finden sollen, wollen und auch können, so möchten wir das auch an der BURG.

Erzählung – das schließt viel zu viele unerzählte Lebensgeschichten ein, die erzählt werden müssten, um mehr Verständnis und eine größere Empathie füreinander zu schaffen. Dafür müssen wir mehr passende Formen und Orte schaffen. Wenn ich in die Zukunft schweife, dann wünsche ich mir, dass sich in allen Gebäuden und in allen Zwischenräumen jedes Mitglied der Hochschule verortet fühlt, also jede Person für ihr Dasein, Tun und Wirken einen Platz in konkreter und übertragener Hinsicht findet, an dem persönliche Entfaltung möglich ist. […]

Ich hätte auch noch viel von Orten außerhalb der BURG zu erzählen, Städten und Ländern, an denen Mitglieder der Hochschule gewirkt haben, um bereichernde Einflüsse aufzunehmen, und vor allem, um dort Menschen kennenzulernen, Erfahrungen auszutauschen, sich gegenseitig die Geschichten des Lebens zu erzählen, um einander besser zu verstehen. Da würde ich unter anderem Tbilisi, Havanna, Cascais bei Lissabon, Oakland, Mailand, Venedig, London und Prag erwähnen, wo Studierende, Mitarbeiter*innen und Kolleg*innen die BURG vertreten haben und Kontakte geknüpft haben. Aber das führte jetzt zu weit. […]

Nicht ganz, denn im Herbst schon empfangen wir Gäste aus Prag aus der befreundeten Hochschule UMPRUM. Sie werden im Oktober in der Burg Galerie mit ihrer Ausstellung *Velká*

in the summer semester. The title: "Anti-discrimination and criticism of power". This will be continued in the winter semester with a focus on "Democracy against right-wing extremism". Just as we should, want to and can always find new ways to live together in society, we would like to do the same at BURG.

Storytelling – this includes far too many untold life stories that need to be heard in order to create greater understanding and empathy for one another. We need to create more suitable forms and places for this.

When I look to the future, I hope that every member of the university feels localised in all buildings and in all spaces in between, i.e. that every person finds a place for their existence, actions and work in concrete and figurative terms, where personal development is possible (...)

I would also have a lot to say about places outside BURG, cities and countries where members of the university have worked in order to absorb enriching influences and, above all, to get to know people there, to exchange experiences, to tell each other the stories of life in order to understand each other better. I would mention Tbilisi, Havana, Cascais near Lisbon, Oakland, Milan, Venice, London and Prague, among others, where students, staff and colleagues have represented BURG and made contacts. But that would be going too far (...)

Not quite, because in autumn we will be welcoming guests from Prague from our partner and friendly university UMPRUM. They will open the new academic year in the Burg Gallery in October with their exhibition *Velká Věc/Big Thing* featuring selected works by Prague students (...)

I wish you and all of us an inspiring Annual Exhibition, good conversations and a wonderful evening. Thank you for being here!"

Věc/Big Thing mit ausgewählten Studienarbeiten der Prager Studierenden das neue akademische Jahr eröffnen. [...]

Ich wünsche Ihnen und uns allen eine inspirierende Jahresausstellung, gute Gespräche und uns allen einen wunderschönen Abend. Schön, dass Sie hier sind!"

Das neue Jahrbuch

Dieses Jahrbuch präsentiert ein neues inhaltliches und grafisches Konzept. Erstmalig und fortan orientiert sich die Publikation am akademischen Kalender und dokumentiert ein ganzes Studienjahr mit Ereignissen, Veranstaltungen, Publikationen, Projekten, Ausstellungen und Auszeichnungen unserer Hochschule.

Der inhaltliche Fokus liegt in einem Rückblick auf dem akademischen Jahr, durchzogen von Texten, die sich vertiefend Themen und Bereichen widmen, die bedeutend für die Hochschule waren und sind. Die bisherigen Jahrbücher unterlagen einem übergeordneten Thema. Davon weichen wir ab, um eine größere Vielfalt an Themen, die die BURG bewegen, zu zeigen.

Das Studienjahr als inhaltliche Klammer spiegelt sich in der Gestaltung des Jahrbuchs wider. Chronologisch und von Bildstrecken und Themenseiten flankiert, ist das Erscheinungsbild eines klassischen Kalenderbuchs Ausgangspunkt für das grafische Konzept. In einem festen Rahmen kann die Gestaltung der kommenden Jahrbücher so immer wieder neu gedacht und bearbeitet werden. Mit der Entwicklung dieses grafischen Gesamtkonzepts schafft das Jahrbuch einen eigenen Wiedererkennungswert und bleibt seiner Vielseitigkeit dennoch treu.

Auch das Format sowie die Auflagenhöhe und die Anzahl der Seiten gehen neue Wege. Um nachhaltiger in der Produktion des Jahrbuchs zu sein, auch im Hinblick auf die zunehmende Digitalisierung, hat sich das Redaktionsteam für ein kompakteres Format entschieden. Mit der Reduktion der Jahrbuchhöhe um drei Zentimeter verkleinern wir die Anzahl der Druckbögen rund um die Hälfte und sparen nicht nur Druckplatten ein, sondern verringern auch den Papierbedarf in Druck und Druckeinrichtung signifikant.

Aber wir wissen auch, Veränderungen können gewöhnungsbedürftig sein. Für all diejenigen, die am alten Format gern festhalten, haben wir zusätzlich ein Lesezeichen hinzugefügt, das die alte Jahrbuchhöhe nachahmt und sich so perfekt in die Reihe der bisherigen Jahrbücher im Bücherregal einfügt.

The new yearbook

This yearbook presents a new concept around content and graphic design. For the first time and from now on, the publication will be orientated toward the academic calendar and document a complete year of studies with the events, publications, projects, exhibitions and awards of our university.

The content-related focus is a review of the academic year, supported by texts devoted to in-depth topics and reports that were and are important for BURG. In the past, the yearbooks supported a higher-level theme. We are changing this in order to show a wider spectrum of the topics that move the people at BURG.

To create contextual cohesion, the academic year is reflected in the design of the yearbook. In chronological order and accompanied by photo spreads and theme-related pages, the look of a classic appointment book was the inspiration for the graphical concept. The design of future yearbooks can now be reconsidered and realized within a fixed framework. With this new overall graphical concept, the yearbook has achieved a unique recognition value while remaining true to its inherent diversity.

The format, circulation and number of pages have also been revised. To produce the yearbook more sustainably – also in view of the rise of digitization – the editorial team decided in favour of a more compact format. By reducing the yearbook's height by 3 centimetres, we have cut the number of printed sheets by around 50 %. This saves printing plates and significantly reduces the amount of paper required for setup and printing.

As we all know, change can also be challenging. For those who are nostalgic about the old format, we have added a bookmark based on the height of the old yearbook and therefore the new format fits perfectly into the yearbook series on their bookshelf.

Inhalt

Content

JAHRES RÜCKBLICK

YEAR IN REVIEW

04.01.

Die BURG richtet Worpswede-Stipendium ein

BURG establishes Worpswede Scholarship

Die Burg Giebichenstein Kunsthochschule Halle schreibt für Hochschulawbsolvent*innen erstmals das Worpswede-Stipendium, verbunden mit einer Residenz in den Künstler*innenhäusern Worpswede, aus.

For the first time, Burg Giebichenstein University of Art and Design Halle granted the Worpswede Scholarship linked to a residency in the artists' housing in Worpswede to university graduates.

10.01.

insectmatter: Neues Forschungsprojekt der *BurgLabs*

insectmatter: new *BurgLabs* research project

Seit Januar 2023 gehören die *BurgLabs* zu einem regionalen Forschungsverbund, der das Potenzial von Insektenchitin untersucht. Das Projekt unter der Leitung von Prof. Mareike Gast läuft bis Ende 2024 und wird durch das Bundesministerium für Bildung und Forschung BMBF gefördert.

In January 2023, the *BurgLabs* joined a regional research alliance that examines the potential of insect chitin. The project under the direction of Prof. Mareike Gast will run until the end of 2024 and is funded by the Federal Ministry of Education and Research (BMBF).

13.–14.01.

Designwissenschaftliches Kolloquium – Raum für Experimente: Beispielsweise Design und Anthropologie

Design Sciences colloquium – Room for experiments: e.g., Design and Anthropology

Die Designwissenschaften an der Burg Giebichenstein Kunsthochschule Halle beschäftigen sich mit dem Gestalten und dem Gebrauch von Artefakten im Allgemeinen wie im Konkreten. Doch mit Fragen des Produzierens und Konsumierens beschäftigen sich auch viele andere Wissenschaften wie die Anthropologie. Mit dem Design verbindet sie unter anderem die Untersuchung der menschlichen Fähigkeit, abstrakte Ideen in gestaltete Materialitäten zu übersetzen. Im Kolloquium geht es um das Nachdenken über diese Disziplin, um Design und die produktiven Wechselwirkungen der Verbindung von Design und Anthropologie: inhaltlich, methodisch, vermittelnd.

Design Sciences at Burg Giebichenstein University of Art and Design Halle examines designing and using artefacts in general, as well as in specific situations. However, many other academic specialisms deal with the issues of production and consumption: anthropology, for example. The human ability to transform abstract ideas into designed materialities is a field of research related to design. The colloquium participants considered the discipline of design and the productive interaction around the connection between design and anthropology, focussing on content, methodology and knowledge transfer.

15.01.–02.02.

Die BURG nimmt an der Wanderausstellung *Gemeinsam stark für Vielfalt und Demokratie* teil

BURG participated in the travelling exhibition *Gemeinsam stark für Vielfalt und Demokratie*

Die Wanderausstellung, die durch das Netzwerk der HALLIANZ für Vielfalt organisiert worden ist, zeigt Porträtposter von Menschen und Initiativen, die sich für eine vielfältige Gesellschaft und ein solidarisches Miteinander stark machen.

Organised by the HALLIANZ für Vielfalt network, the travelling exhibition *United in Strength for Democracy and Diversity* showed portrait posters of people and initiatives that advocate for a diverse society and mutually supportive cooperation.

17.01.–13.02.

Ausstellung des Architekturpreises des Landes Sachsen-Anhalt 2022

Im November 2022 erhielt die Mensa am Neuwerk den renommierten Architekturpreis des Landes Sachsen-Anhalt. Neben dem prämierten Beitrag sind auch alle halleschen Einreichungen sowie die Beiträge der weiteren Nominierten im Ratshof der Stadt Halle (Saale) zu sehen.

Exhibition of the Architecture Award of the State of Saxony-Anhalt 2022

In November 2022, the cafeteria at Neuwerk received the renowned Architecture Award of the State of Saxony-Anhalt. Alongside the award-winning contribution, all of the submissions from Halle and the contributions of the other nominees were on view in Halle (Saale) City Hall.

24.01.

Vorlesungsreihe *Ortsbestimmungen. Raumkritik und Raumsuche*

Im Kontext der Vorlesungsreihe, die sich mit den Potenzialen von Räumen befasst, präsentierte unter anderem Prof. Elke Krasny von der Akademie der Bildenden Künste Wien einen Vortrag mit dem Titel *Im Gehen: Feministische Spaziergangswissenschaft als kritische Kulturanalyse*, der die Praxis des Gehens an den Schnittstellen von sozialer und ökologischer Gerechtigkeit untersucht.

Lecture series *Location identifiers. Critique of space and the search for space*

In the context of the lecture series that focussed on the potential of spaces, Prof. Elke Krasny from Akademie der Bildenden Künste Wien gave a lecture with the title *Im Gehen: Feministische Spaziergangswissenschaft als kritische Kulturanalyse* (While walking: feminist science of walking as critical cultural analysis), which examined the practice of going for walks at the interface of social and ecological justice.

21.01.–31.05.

Lesetour von *Der Halle-Prozess: Hintergründe und Perspektiven*

Die 2022 erschienene Publikation *Der Halle-Prozess: Hintergründe und Perspektiven*, herausgegeben und gestaltet von ehemaligen Burg-Studierenden aus dem Schwerpunktbereich Informationsdesign im Studiengang Kommunikationsdesign, geht auf Lesetour durch Deutschland und Österreich.

Public readings of *Der Halle-Prozess: Hintergründe und Perspektiven*

The 2022 publication *Der Halle-Prozess: Hintergründe und Perspektiven,* which was published and designed by former Burg students from the Information Design area of concentration in the Communication Design study programme, set out on a public reading tour of Germany and Austria.

KUNSTPREIS

der Stiftung der Saalesparkasse 2023
Ausgezeichnete Arbeiten aus dem Fachbereich Kunst

ART AWARD

Saalesparkasse Foundation 2023
Outstanding works from the Art Faculty

02.02.–19.02.

Kunstpreis der Stiftung der Saalesparkasse 2023 – Ausgezeichnete Arbeiten aus dem Fachbereich Kunst

2023 Saalesparkasse Foundation Art Award Award-winning works from the Art Faculty

Die Stiftung der Saalesparkasse überreichte 2023 zum 17. Mal den mit 2.500 Euro dotierten Kunstpreis an eine*n Absolvent*in des Fachbereichs Kunst der BURG. Der Preis wird seit 2007 jährlich durch eine Fachjury für eine Abschlussarbeit von herausragender künstlerischer Qualität vergeben. Zusätzlich werden zwei bis drei Bewerber*innen mit einer Anerkennung, die mit einem Preisgeld von jeweils 500 Euro verbunden ist, bedacht.

Elektra Tzamouranis (Malerei) erhielt den Kunstpreis der Stiftung der Saalesparkasse 2023 für ihre Arbeit *THE GREAT ESCAPE – HOW TO RUN AWAY FROM A WOODEN HORSE*. Anerkennungen gingen an Jan Herzog (Keramik), Olivia Pils (Keramik) und Elisabeth Rändel (Kunstpädagogik).

Die Preisverleihung fand im Volkspark Halle als Auftakt der Ausstellung *Darüber hinaus – Diplome der Kunst 2023* statt. Präsentiert wurden die Arbeiten der Preisträgerin und der mit Anerkennungen Bedachten sowie Werke von weiteren acht Absolvent*innen des Fachbereichs Kunst. Mit der von Carolin Metzger kuratierten Diplomausstellung, die erstmals am Ende des Wintersemesters gezeigt wurde, bot die BURG den Absolvent*innen ein eigenständiges Format außerhalb der Jahresausstellung. Die Einzelpositionen der beteiligten Künstler*innen erlaubten einen Blick auf die Vielfalt künstlerischen Schaffens an der BURG, von Malerei und Grafik über Siebdruck bis hin zu Plastik, Film und Installation.

In 2023 for the 17th time, the Saalesparkasse Foundation gave the Art Award endowed with €2,500 to a graduate of the Art Faculty at BURG. A professional jury has conferred the award for a final work of outstanding artistic quality since 2007. Additionally, two to three applicants are awarded an honourable mention with prize money in the amount of €500 each.

Elektra Tzamouranis (Painting) received the 2023 Saalesparkasse Foundation Art Award for her work *THE GREAT ESCAPE – HOW TO RUN AWAY FROM A WOODEN HORSE*. Honourable mentions went to Jan Herzog (Ceramics), Olivia Pils (Ceramics) and Elisabeth Rändel (Art Pedagogy).

The award ceremony took place in the Volkspark Halle as the kick-off to the exhibition *Darüber hinaus – Diplome der Kunst 2023* (What's more – Final works from Art 2023). The works of the award winner and those with honourable mentions, as well as works by another eight graduates of the Art Faculty, were presented. With the graduation exhibition curated by Carolin Metzger, shown for the first time at the end of the winter semester, BURG offered the graduates a standalone format outside the annual exhibition. The individual works of the participating artists provided insight into the diversity of artistic creation at BURG: from painting, graphic arts, and screen printing to plastic arts, film, and installation.

Preisträgerin
Elektra Tzamouranis

Anerkennungen
Jan Herzog, Olivia Pils, Elisabeth Rändel

Die Jury-Mitglieder des Kunstpreises der Stiftung der Saalesparkasse

Thomas Bauer-Friedrich Direktor des Kunstmuseums Moritzburg Halle (Saale), Susanne Quednau Stiftung der Saalesparkasse, Vorstandsmitglied, Esther Niebel Galeristin, Leipzig, Prof. Tilo Baumgärtel Prorektor und Professor für Malerei an der BURG, Vorsitz der Jury (ohne Stimmrecht), Prof. Bettina Erzgräber Rektorin der BURG und Professorin für Zeichnen und bildnerisches Gestalten an der BURG, Prof. Tobias Hantmann Vertretungsprofessor für malerische und grafische Praxis an der BURG

Winner
Elektra Tzamouranis

Honourable mentions
Jan Herzog, Olivia Pils, Elisabeth Rändel

The jury members of the Saalesparkasse Foundation Art Award

Thomas Bauer-Friedrich, Director of Kunstmuseum Moritzburg Halle (Saale), Susanne Quednau, Saalesparkasse Foundation, member of the board, Esther Niebel Gallery owner, Leipzig, Prof. Tilo Baumgärtel, Prorector and professor of Painting at BURG, jury chair (without a vote), Prof. Bettina Erzgräber, Rector of BURG and professor for Drawing and Visual Arts at BURG, Prof. Tobias Hantmann, Deputy professor for Painting and Printing Practice at BURG

Darüber hinaus. Diplome der Kunst 2023

Die Arbeiten der Preisträger*innen sowie weitere Werke von acht Absolvent*innen des Fachbereichs Kunst waren im Volkspark Halle zu sehen.

Ausstellungsdauer
2. bis 19. Februar 2023

Ausstellungsort
Volkspark Halle, Schleifweg 8a, 06114 Halle (Saale)

Kuratiert von
Carolin Metzger

Betreuender Professor
Prof. Hans Stofer

Ausstellende
Heather F. Anderson, Seunghoon Baek, Ulrike Basner, Johannes Förster, Flo Herwig, Jan Herzog, Iwo Kurze, Olivia Pils, Elisabeth Rändel, Johannes Rudloff, Tim Thiel, Elektra Tzamouranis

Förderer
Der Kunstpreis wird gefördert durch die Stiftung der Saalesparkasse Halle.

Darüber hinaus. Diplome der Kunst 2023

The works of the award winners and other works by eight Art Faculty graduates were on view in Volkspark Halle.

Exhibition duration
2–19 February 2023

Exhibition venue
Volkspark Halle, Schleifweg 8a, 06114 Halle (Saale)

Curated by
Carolin Metzger

Supervising professor
Prof. Hans Stofer

Exhibitors
Heather F. Anderson, Seunghoon Baek, Ulrike Basner, Johannes Förster, Flo Herwig, Jan Herzog, Iwo Kurze, Olivia Pils, Elisabeth Rändel, Johannes Rudloff, Tim Thiel, Elektra Tzamouranis

Sponsor
The Art Award is endowed by the Saalesparkasse Foundation in Halle.

Den Kunstpreis der Stiftung der Saalesparkasse nahm Elektra Tzamouranis für ihre Arbeit *THE GREAT ESCAPE – HOW TO RUN AWAY FROM A WOODEN HORSE* entgegen. Tzamouranis malt ins Offene. Figurative und abstrakte Bildelemente fügt sie zu einem dichten malerischen Gewebe. Fragmente vergehen in Farbschichten, hinterlassen Spuren, arbeiten sich aus der Farbdecke und ergeben neue Konstellationen. Glatte, vermalende Partien mit ineinander übergehenden Farbflächen kontrastieren mit Formrudimenten, die vermuten lassen, dass dem Gemälde erzählende Motive zu Grunde lagen – was mag dort einst unter den Oberflächen zu sehen gewesen sein, die sich wie frisch wachsende Häute über Wunden bilden? In diesem Bildkosmos leben aber auch Monstren, sagenhafte Kreaturen, die so nicht lebensfähig, aber vielleicht niemals sterbend, Teil jenseitiger Sphären sind, in die wir blicken, wie der hier nicht nur zweiköpfige, sondern zweirumpfige Kerberos. Aber wie soll der Hund ohne Hinterleib und immer auf den Vorderpfoten balancierend den Eingang zur Unterwelt bewachen? Damit keine Lebenden dorthin fliehen und keine Toten heraus flüchten? Die große Flucht – ganz spielerisch vor einem kleinen hölzernen Spielzeugpferd oder doch vor dem gewaltigen mythischen Trojanischen Pferd, das so viel Leid und Unglück über die Stadt Troja und ihre Einwohner*innen brachte? Ist es das, was die glatten Flächen aufbrechen lässt? Eine gleichnamige Publikation begleitet die Präsentation. Die Rezipierenden werden aktiver Teil dieser archäologischen Offenlegungsprozesse.
(→ S. 024)

Elektra Tzamouranis accepted the Art Award of the Saalesparkasse Foundation for her work *THE GREAT ESCAPE – HOW TO RUN AWAY FROM A WOODEN HORSE*. Tzamouranis paints in the open. She merges figurative and abstract visual elements to create a dense, painterly fabric. Fragments disappear into layers of paint, leave traces, work their way out of the blanket of colour and create new constellations. Smooth sections of washes with areas of colour gradients contrast with rudimentary shapes. They imply that the painting was based on story-telling motifs – What used to be visible underneath the surfaces with the appearance of fresh scabs? However, monsters also live in this visual cosmos, fabulous creatures that are not able to live as such, but might be immortal parts of otherworldly spheres into which we look – like Cerberus here, who has two torsos in addition to two heads. But how can the dog without a rump and with only his front paws for balance guard the entrance to the underworld? To ensure that no living beings flee into it and no dead beings escape? The great escape – in games from a small wooden toy horse or maybe, after all, from the gigantic, mythical Trojan horse, which brought so much suffering and misfortune to the city of Troy and its residents? Is that what is breaking up the smooth surfaces? A publication of the same name accompanies the presentation. The recipients become an active part of this archaeological process of disclosure.
(→ p. 024)

Preisträgerin
Elektra Tzamouranis
THE GREAT ESCAPE – HOW TO RUN AWAY FROM A WOODEN HORSE

Studienrichtung
Malerei

Betreuung
Prof. Tilo Baumgärtel, Joulia Strauss, Prof. Dr. Nike Bätzner

Winner
Elektra Tzamouranis
THE GREAT ESCAPE – HOW TO RUN AWAY FROM A WOODEN HORSE

Study programme
Painting

Supervisors
Prof. Tilo Baumgärtel, Joulia Strauss, Prof. Dr Nike Bätzner

Anerkennungen

Mit dem alliterierenden *Bake & Boie* inszeniert Jan Herzog keramische Objekte und Emaillebilder. Ist eine Bake ein festes Seezeichen zur Orientierung von Gewässerverkehrsteilnehmenden, sind Bojenkugel-, kegel- oder tonnenförmige Schwimm körper, die in der Regel verankert sind. Diese Hohlkörper aus Metall, Kunststoff oder auch aus Kork dienen als Signale und markieren Grenzen. Eigentlich ergibt das also ein räumliches Hin und Her, dem die Massivität dieser Körper hier entgegensteht. Die schrundigen Oberflächen und vermengten Formen der keramischen Objekte ermöglichen zahlreiche Assoziationen. Jeweils individuell konstruierte Sockel und Stützen bzw. als solche genutzte Ablagen, Bänke und Böcke, die eine abgestimmte Farbigkeit erhalten, bilden eine dystopisch anmutende Gesamtinszenierung. Herzogs skulpturale Werke, die oft den Anschein haben, nicht gemacht, sondern entstanden zu sein, weisen virtuos gestaltete Oberflächen auf und wirken, als wären sie Verwitterungsvorgängen ausgesetzt gewesen.
(→ S. 028)

Jan Herzog
Bake & Boie

Studienrichtung
Keramik

Betreuung
Prof. Martin Neubert, Prof. Hans Stofer, Prof. Dr. Nike Bätzner

Olivia Pils kreiert mit *biomorphic solutions* eine Installation aus acht Modulen. Sie untersucht, wie sich unser Verhältnis zum Körper im Zuge neuer Biotechnologien verändert. Die surreale Anordnung wird durch Sound und Licht verbunden. Dichte, stabile, wiewohl auch leicht durchscheinende Objekte aus Porzellan und Keramik sind teilweise mit feinen Latexelementen und semitransparenter bzw. transparenter TPE-Folie ergänzt sowie bedeckt und grotesk akzentuiert durch künstliches Haar. Die rätselhaften Apparaturen wirken unbequem, lassen Rezipierende nach Sinn und Zweck dieser zarten wie absurden Kompositionen fragen.

Honourable mentions

In his work with the alliterative title *Bake & Boie*, Jan Herzog sets ceramic objects and enamel images in scene. “Bake” is the German word for beacon, a fixed marker in the sea used by barges, boats, and ships for orientation, and “Boie” is the word for buoy, a spherical, conical or barrel-shaped float that is usually anchored in the water. These hollow bodies made from metal, plastic, and even cork serve as signals and mark boundaries. In reality, this results in spatial back-and-forth movement that denies the solidity of these bodies. The surfaces that seem to be covered in barnacles and mixed forms of the ceramic objects evoke numerous associations. Pedestals and supports, each one custom tailored, or shelves, benches, and trestles in matching colours that also present the works, create an overall staging with a dystopian ambience. Herzog’s sculptural works, which often seem to have emerged instead of being produced, exhibit surfaces designed with virtuosity. They look like they were exposed to weathering processes.
(→ p. 028)

Jan Herzog
Bake & Boie

Study programme
Ceramics

Supervisors
Prof. Martin Neubert, Prof. Hans Stofer, Prof. Dr Nike Bätzner

In *biomorphic solutions*, Olivia Pils created an installation comprising eight modules. She examines how our relationship to our body is changing in the wake of new biotechnologies. The surreal arrangement is connected through sound and light. Dense, stable – although slightly translucent – objects made of porcelain and ceramic; some of which are supplemented by fine latex elements and semi-transparent or transparent TPE film and covered with or grotesquely accented by artificial hair. The puzzling devices are uncomfortable, make viewers question the meaning and purpose of these delicate and absurd compositions. Substitute body

Körperteilersatz, Körperverbesserungen, orthopädische Geräte, kostbar hinter Plexiglas präsentiert, von der Decke hängend, fragil und empfindlich im Raum verspannt, makaber, gar obszön geformt im reizvollen Kontrast. Das Spielerische trifft auf grausame Künstlichkeit. So sind wir eingeladen, Liegendes, Stehendes und mit Hilfe von Stahlseilen Schwebendes zu einer Geschichte zu vereinen. Sollten wir uns ängstigen? Ist das unsere Zukunft?
(→ S. 030)

Olivia Pils
biomorphic solutions

Studienrichtung
Keramik

Betreuung
Prof. Martin Neubert, Prof. Caroline Achaintre, Prof. Dr. Nike Bätzner

parts, physical improvement, orthopaedic devices, presented as precious behind plexiglass; suspended from the ceiling, fragile and sensitive, tensioned in space, macabre, even obscenely shaped in delightful contrast. Playfulness meets brutal artificiality. We are invited to combine objects that are horizontal, upright or suspended on steel cables into a story. Should we be afraid? Is this our future?
(→ p. 030)

Olivia Pils
biomorphic solutions

Study programme
Ceramics

Supervisors
Prof. Martin Neubert, Prof. Caroline Achaintre, Prof. Dr Nike Bätzner

Elisabeth Rändel inszeniert in *FUTURE PERFECT* die Frage nach unserer Zukunft. Wie kann man sich Zukunft vorstellen, kann man sie vorwegnehmen? Gibt es mehrere Zukünfte, kann man sich eine auswählen? Was leiten wir daraus für unser Denken und Handeln ab? Haben wir die Zukunft als bösen Geist, als Bedrohung gerufen? Dachten wir sie uns als Kinder nicht als helle Verheißung? Banner und fahnenähnliche Textilien sind – jeweils unterschiedlich – über und über mit einem *FUTURE PERFECT*-Rapport und gelegentlich mit QR-Codes bedruckt, die an signalrote politische Propaganda, an Schriften von Boulevardmedien und an Marketing erinnern. Wie großformatige Plakate aus Parteien- und Wahlwerbung wurden die Bahnen großzügig arrangiert. Zusätzlich ließ Rändel persönliche und berührende Interviews in Radiosendungen ausstrahlen. Ist die perfekte Zukunft machbar? Ist sie erstrebenswert? Kann man sie kaufen? Für sie werben?
ZUKUNFT PERFEKT, ZUKUNFT: PERFEKT!, ZUKUNFT – PERFEKT? (→ S. 032)

Elisabeth Rändel
FUTURE PERFECT

Studienrichtung
Kunstpädagogik

Betreuung
Prof. Robert Klümpen, Prof. Philip Gaißer, Robert Hausmann

Elisabeth Rändel sets the issue of our future in scene in *FUTURE PERFECT*. How can we imagine the future, is it possible to anticipate it? Are there multiple futures and can we select ours? What can we derive from it to guide our actions and thoughts? Have we invoked the future as an evil spirit, as a threat? Or as children, didn't we imagine it as bright and promising? Banners and flag-like textiles – no two alike – are printed over and over again with *FUTURE PERFECT* in repeat and with the occasional QR code. They are reminiscent of signal red political propaganda, of the typefaces of tabloid media, and of marketing. The textile lengths are arranged like the large-scale posters of political party and election advertisements. Further, Rändel has personal, touching interviews broadcast in radio programmes. Is the perfect future feasible? Is it desirable? Can we buy it? Can we promote it?
FUTURE PERFECT, FUTURE: PERFECT!, FUTURE – PERFECT? (→ p. 032)

Elisabeth Rändel
FUTURE PERFECT

Study programme
Art Pedagogy

Supervisors
Prof. Robert Klümpen, Prof. Philip Gaißer, Robert Hausmann

←↑→ *THE GREAT ESCAPE – HOW TO RUN AWAY FROM A WOODEN HORSE*
Elektra Tzamouranis, 2022

→ *Kerberos*
Elektra Tzamouranis, 2022

←↓ *THE GREAT ESCAPE – HOW TO RUN AWAY FROM A WOODEN HORSE*
Elektra Tzamouranis, 2022

←↓→ *Bake & Boie*
Jan Herzog, 2022

←↓→ *biomorphic solutions*
Olivia Pils, 2022

Log in to your future
FUTURE PERFECT
NDED

←↓→ *FUTURE PERFECT*
Elisabeth Rändel, 2021

↑ Blick in die Ausstellung
Exhibition view

← *Die Person, die sich selbst nicht sehen kann.*
Seunghoon Baek, 2022

↗ *Realitäten*
Iwo Kurze, 2022
Installationsansicht
Installation view

↘ Blick in die Ausstellung
Exhibition view

vorn/front:
Brennglas
Johannes Rudloff, 2022

hinten mittig/centre back
take a seat und *Kalte Füs*
Heather F. Anderson, 202

rechts/right:
Trockene Ernte,
Johannes Förster, 2022

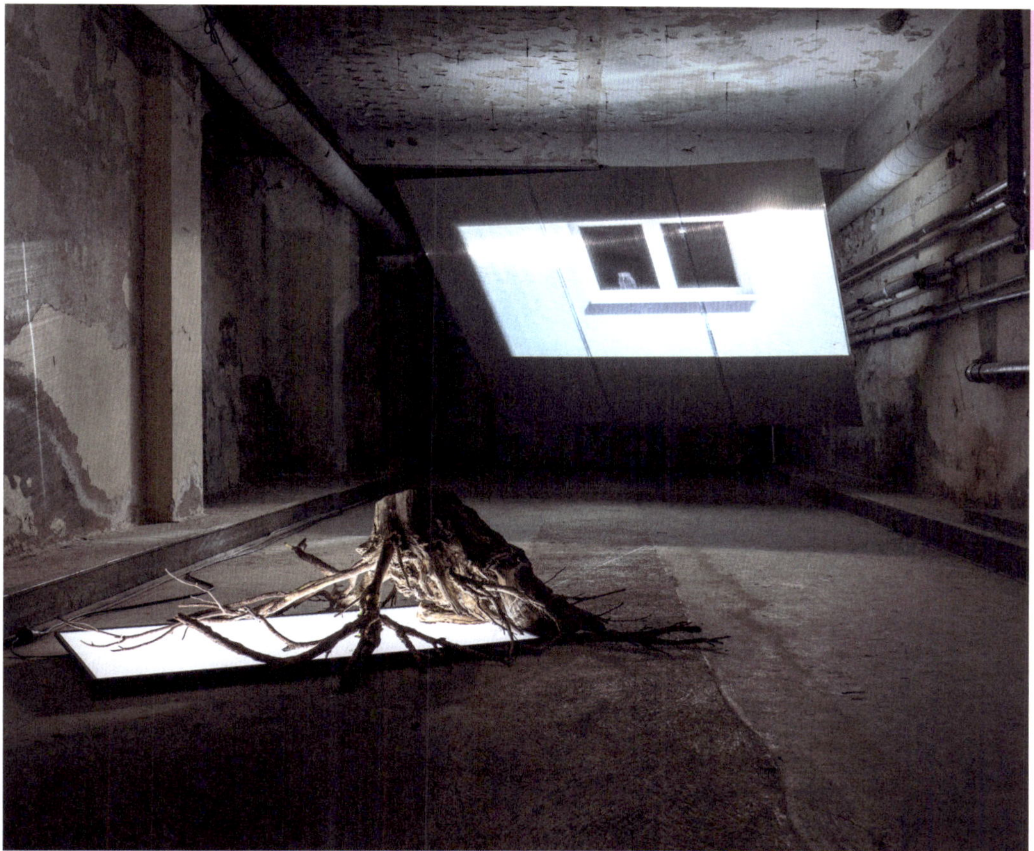

↗ *Original und Kopie*
Ulrike Basner, 2022

↖ *Pappe & Pep – Ärger im Revier*
Tim Thiel, 2022

↙ *Between Becoming*
Flo Herwig, 2022

04.–24.02.

Ausstellung *adaption_reaktion* – Studienschwerpunkt Kommunikationsdesign / Fotografie

Im Rahmen eines fortführenden Semesterprojekts mit der fotografischen Sammlung des Kunstmuseums Moritzburg Halle (Saale) entsteht eine Plakatausstellung mit Fotografien von Studierenden, die in den Räumen des ehemaligen Galeria Kaufhof zu sehen ist.

Exhibition *adaption_reaktion* – Communication Design / Photography field of study

A poster exhibition with photographs by students created as part of a continuing semester project with the Photography Collection of Kunstmuseum Moritzburg Halle (Saale) was on view in the former Galeria Kaufhof department store.

26.02.–21.05.

Studienrichtung Keramik zeigt Arbeiten im Kunstmuseum Moritzburg Halle (Saale)

Anlässlich des 50. Todestags Picassos organisiert das Kunstmuseum Moritzburg Halle (Saale) eine umfangreiche Ausstellung mit dem Titel *Der andere Picasso: Zurück zu den Ursprüngen. Keramische Arbeiten und Werke auf Papier*. In Auseinandersetzung mit Picassos keramischem Werk entstehen studentische Arbeiten unter dem Titel *Telonero I Vorgruppe*, die ebenfalls in der Moritzburg zu sehen sind.

Ceramics study programme showed works in Kunstmuseum Moritzburg Halle (Saale)

To mark the 50th anniversary of the death of Picasso, Kunstmuseum Moritzburg Halle (Saale) organised an extensive exhibition entitled *Der andere Picasso: Zurück zu den Ursprüngen. Keramische Arbeiten und Werke auf Papier.* (The other Picasso: Back to the roots. Ceramic works and works on paper.) Upon examining Picasso's works in ceramic, BURG students created works under the title *Telonero I Vorgruppe* (Telonero I Supporting act) which were also on view in the art museum.

26.02.–10.04.

GANZ AUS GLAS und *wasser und wein* in der Kunststiftung Sachsen-Anhalt

In der Doppelausstellung präsentiert die BURG diverse Arbeiten zeitgenössischer Glaskunst aus den Fachbereichen Kunst und Design in der Kunststiftung des Landes Sachsen-Anhalt.

GANZ AUS GLAS and *wasser und wein* in the Saxony-Anhalt Arts Foundation

In the double exhibition, BURG presented various works of contemporary glass art from the Art and Design Faculties in the Saxony-Anhalt Arts Foundation.

01.03.

Arbeiten von Marguerite Friedlaender sind im Hochschularchiv zu sehen

Ausgewählte Arbeiten der Bauhaus-Keramikerin und ehemaligen Professorin der BURG werden in einer Ausstellung im Archiv der BURG präsentiert.

Works by Marguerite Friedlaender on view in the archive of BURG

Selected works of the Bauhaus ceramic artist and former professor at BURG are presented in the archive of BURG.

04.04.

Prof. Dr. Regina Bittner zu Gast

Im Jour Fixe spricht Prof. Dr. Regina Bittner, Leiterin und stellvertretende Direktorin der Akadamie der Stiftung Bauhaus Dessau, über das Thema *Bauhaus im Rückspiegel: vom Navigieren zwischen diversen Legacies gestalterischen Lernens*. Dabei stellt sie die postgradualen Bildungsformate der Akademie der Stiftung Bauhaus Dessau vor.

Prof. Dr Regina Bittner visits BURG

Prof. Dr Regina Bittner, the head and deputy director of the International Bauhaus College, spoke on the topic *Bauhaus im Rückspiegel: vom Navigieren zwischen diversen Legacies gestalterischen Lernens* (Bauhaus in the rearview mirror: Navigating among various legacies of creative learning) at the Jour Fixe. As part of her talk, she introduced the post-graduate educational format of the International Bauhaus College.

06.04.–07.05.

White Rabbit in der Burg Galerie

In Anlehnung an Lewis Carrolls *Alice in Wonderland* gleicht die Ausstellung der Studienrichtung Schmuck einer Reise durch eine Fantasiewelt. Besucher*innen bahnen sich ihren Weg durch eine labyrinthische Ausstellungsarchitektur und treffen dabei auf Positionen, die anhand von Material und Format unterschiedlicher nicht hätten sein können. Geprägt von eigenen psychischen Erfahrungen und veränderbaren Realitäten präsentieren die Studierenden Kunstwerke, die die Idee von Schmuck hinterfragen und Konventionen neu definieren. Dabei werden ihre Kunstwerke zu Trägern unterschiedlicher Themen und Ideen. Auch das Rahmenprogramm, unter anderem eine Zaubershow und ein Vortrag über psychedelische Musik, bietet Raum für Fantasie und Spiel.

White Rabbit in Burg Gallery

The Jewellery study programme's exhibition based on Lewis Carroll's book *Alice in Wonderland* is a journey through a fantasy world. As visitors made their way through labyrinthine exhibition architecture, they encountered exhibits that could not have been more different in terms of material and format. Characterised by personal psychological experiences and mutable realities, the students presented works of art that question the concept of jewellery and re-define conventions. In the process, their works of art transported a range of themes and ideas. The fringe programme, which included a magic show and a talk about psychedelic music, also provided space for imagination and play.

SPIELEN!
GESTALTEN!
Einblicke in 16 Jahre Spiel- und Lerndesign
an der Burg Giebichenstein Kunsthochschule Halle
Insights into 16 years of Design of Playing and Learning
at Burg Giebichenstein University of Art and Design Halle

Sommersemester 2023

20.04.–14.05.

Spielen! Gestalten! – Einblicke in 16 Jahre Spiel- und Lerndesign an der Burg Giebichenstein Kunsthochschule Halle

Summer semester 2023

Spielen! Gestalten! – Insights into 16 years of Design of Playing and Learning at Burg Giebichenstein University of Art and Design Halle

Die Ausstellung *Spielen! Gestalten!* der Studienrichtung Spiel- und Lerndesign an der Burg Giebichenstein Kunsthochschule Halle zeigte von April bis Mai 2023 in der Kunststiftung des Landes Sachsen-Anhalt vielfältige Themen und Ansätze, die in mehr als 16 Jahren in der Lehre von Prof. Karin Schmidt-Ruhland verfolgt wurden. Die Ausstellung war in sieben Bereiche gegliedert. In ihnen wurden beispielhafte Konzepte und Entwürfe in Form von Modellen, Prototypen, Filmen, Bildern und Dokumentationen von über 125 Studierenden gezeigt. Sie gaben Einblicke in das methodische Vorgehen und die Vermittlung des handlungs- und nutzerorientierten Ansatzes, den die Studienrichtung Spiel- und Lerndesign verfolgt. Präsentiert wurden Beispiele aus Übungen und Projekten von Studierenden aus allen Phasen des Studiums: aus den Grundlagen des Spiel- und Lerndesigns, den methodischen Gestaltungsübungen im zweiten Studienjahr, den Projekten im Hauptstudium sowie den Bachelor- und Masterarbeiten. In den Projekten der Studienrichtung Spiel- und Lerndesign geht es um das Spiel der Kinder, um das Spiel der Erwachsenen, um die Bedeutung des Spiels in Wissensvermittlung und -aneignung und schließlich um die Rolle des Spielerischen in gesellschaftlichen, sozialen und kreativen Prozessen allgemein. Gestaltet werden Spielobjekte, Spielräume und Spielaktionen.

„Das Spiel hat viele Facetten. Im Spiel erleben wir Spaß und Freude, sind frei von den Zwängen des Alltags, können Neues (oder uns) ausprobieren. Zum Spielen gehört aber auch die Spannung, der Wettkampf, das Einhalten von Regeln. Auch gilt: Spielen ist die Art des Kindes, die Welt zu erkunden und zu verstehen. Spielen bedeutet leben lernen", betont Karin Schmidt-Ruhland, die seit 2007 die Professur für Spiel- und Lerndesign an der BURG inne hat.

The exhibition *Spielen! Gestalten!* (Play! Design!) of the Design of Playing and Learning study programme at Burg Giebichenstein University of Art and Design Halle showed diverse topics and approaches that were pursued for more than 16 years in the teaching of Prof. Karin Schmidt-Ruhland. Held at the Saxony-Anhalt Arts Foundation, the works were on exhibit from April until May 2023. *Spielen! Gestalten!* was divided into seven sections that contained examples of concepts and designs in the form of models, prototypes, films, images, and documentations by more than 125 students. The works provided insights into the methodological procedure and knowledge exchange of the activity- and benefits-orientated approach followed in the Design of Playing and Learning study programme. Examples of exercises and projects by students from all phases of the study programme – the fundamentals of design of playing and learning, methodical design exercises in the second year, the projects in main studies, and bachelor's and master's final works – were presented. Children's play, adults' play, the significance of games and play in knowledge transfer and learning, and ultimately the role of playing in societal, social, and creative processes in general are the focus of the projects of the Design of Playing and Learning study programme. The students design objects, spaces, and activities of play.

"Play is multi-faceted. When playing, we experience fun and joy, are free from the strictures of everyday life and can try out (or dare to do) new things. Playing comprises excitement and tension, competition, and obeying rules. In addition, playing is how children explore and understand the world. Playing means learning to live," stated Karin Schmidt-Ruhland, who has been the professor for the Design of Playing and Learning at BURG since 2007.

Die Studienrichtung Spiel- und Lerndesign an der Burg Giebichenstein Kunsthochschule Halle hat eine lange Tradition und ist in Deutschland einzigartig. Spielen und Lernen findet an vielen Orten und in allen Lebensphasen statt und wird beeinflusst von gesellschaftlichen und technologischen Entwicklungen. Dementsprechend vielfältig und breit aufgestellt ist das Spektrum an Themen und Gestaltungsanforderungen, die den Studierenden angeboten werden. Die Studienrichtung Spiel- und Lerndesign an der BURG umfasst die Gestaltung von Spielräumen, Spielobjekten und Spielaktionen sowie den Entwurf von Konzepten und Medien zum Thema des lebenslangen Lernens. Die Studierenden werden hierbei befähigt, eigenverantwortlich und professionell Gestaltungsansätze, fachliches Wissen und forscherische Herangehensweisen auf Problem- und Aufgabenstellungen anzuwenden. Bei der Problemlösung wird ein handlungs- und nutzenorientierter, auch partizipativer Ansatz verfolgt. Im Gestaltungsprozess stehen Form und Funktion, Materialität und Nachhaltigkeit im Fokus.

Spielen! Gestalten!

Ausstellungsdauer
20. April bis 14. Mai 2023

Ausstellungsort
Kunststiftung des Landes Sachsen-Anhalt, Neuwerk 11, 06108 Halle (Saale)

Konzept
Prof. Karin Schmidt-Ruhland

Gestaltung und Umsetzung
Prof. Karin Schmidt-Ruhland, Martin Hensel, Svenja Münster

Förderer
Wir bedanken uns für die Unterstützung bei den Werkstätten der BURG.

At Burg Giebichenstein University of Art and Design Halle, the Design of Playing and Learning study programme has a long tradition – and is unique in Germany. Playing and learning take place in many places and in all phases of life. As activities, they are influenced by developments in society and technology. Accordingly, the range of topics and design requirements offered to the students is diverse. The Design of Playing and Learning study programme at BURG encompasses the design of play spaces, play objects, and play activities, as well as designing concepts and media for lifelong learning. The students become qualified to apply specialist knowledge and a research-like strategy to specific problems and tasks independently and with professional design approaches. They follow an activity- and benefits-orientated, participative approach to solving problems. Form, function, materiality, and sustainability are the focus of the design process.

Play! Design!

Exhibition duration
20 April – 14 May 2023

Exhibition venue
Saxony-Anhalt Arts Foundation, Neuwerk 11, 06108 Halle (Saale)

Concept
Prof. Karin Schmidt-Ruhland

Design and implementation
Prof. Karin Schmidt-Ruhland, Martin Hensel, Svenja Münster

Sponsors
We would like to thank the workshops at BURG for their support.

→↓ Blick in die Ausstellung
Exhibition view

Spielen! Gestalten!, 2023

←↑→ Blick in die Ausstellung
Exhibition view

Spielen! Gestalten!, 2023

24.–30.04

Die BURG auf der Fashion Revolution Week 2023 in Halle

BURG at Fashion Revolution Week 2023 in Halle

Im temporären Ausstellungs- und Begegnungsort FAIRBRIC, einem leerstehenden Ladenlokal am Riebeckplatz in Halle (Saale), sind Positionen von Studierenden des Textildesigns und der Mode zu sehen, die sich mit Aspekten von Nachhaltigkeit auf kultureller, fairer sowie ökologischer Ebene beschäftigen.

In the temporary exhibition and meeting place FAIRBRIC, an empty shop on Riebeckplatz Square in Halle (Saale), works by students in the Textile Design and Fashion study programmes were on view. They examined aspects of sustainability at the cultural, fair, and ecological levels.

27.–30.04.

Die BURG auf der Leipziger Buchmesse 2023

BURG at Leipziger Buchmesse 2023

Nach einer dreijährigen Pause findet die Leipziger Buchmesse wieder statt. Auch die BURG ist mit einem Stand, organisiert von Studierenden aus der Studienrichtung Buchkunst und den Studiengängen Kommunikationsdesign und Innenarchitektur, vertreten.

The Leipziger Buchmesse, an international trade fair around books, was back after a three-year hiatus. BURG was represented with a booth organised by students in the Book Art study course and the Communication Design as well as Interior Architecture study programmes.

YOU CAN SIT
WITH US 24/7
Ein gemeinsames Projekt von Studierenden aus Mode- und Kommunikationsdesign
A collaborative work between fashion and communication design students

28.04.

You Can Sit With Us 24/7—Ein gemeinsames Projekt von Studierenden aus dem Mode- und Kommunikationsdesign

You Can Sit With Us 24/7—A collaborative work between fashion and communication design students

Wie kann kollaboratives Arbeiten und Lehren an einer Kunsthochschule aussehen? Studierende der Studienrichtungen Modedesign und Kommunikationsdesign haben es ausprobiert. Sie arbeiteten ein halbes Jahr lang an einem gemeinsamen Projekt. Entstanden ist dabei das Kollektiv „You Can Sit With Us" (YCSWU), eine gemeinschaftliche Kollektion und ein Buch. Wir haben mit Evelyn Sitter, Professorin für Modedesign und Initiatorin des Projekts, gesprochen.

Redaktion (R)

Was hat Sie dazu inspiriert, ein Studienprojekt mit dem Fokus auf kollaboratives Arbeiten ins Leben zu rufen?

Evelyn Sitter (ES)

Ich glaube nicht mehr an Ausbildung aller zu „Autor*innendesigner*innen" und „Kreativdirektor*innen". Wir müssen Designer*innen befähigen, mit einer Vielzahl von Stimmen und Bedürfnissen zu gestalten, mit den eigenen und anderen Ressourcen verantwortungsvoll umzugehen, und ihnen früh die Möglichkeit geben, teilen zu lernen. Ich möchte ihnen bereits im Studium den Raum geben, einen eigenen Fokus zu finden und eigene Strukturen aufzubauen, damit sie danach für den Einstieg in ein sich permanent wandelndes und forderndes Berufsfeld so gut wie möglich vorbereitet sind.

R

Erzählen Sie uns mehr über das Projekt!

ES

Studierende und Lehrende des Modedesigns und des Kommunikationsdesigns arbeiteten ein halbes Jahr gemeinschaftlich an diesem Projekt. Schnell bildete sich daraus das Kollektiv „You Can Sit With Us", das sich zum Ziel setzte, bestehende Strukturen in der Modewelt zu hinterfragen und einen zeitgenössischen, sozialeren Arbeitsansatz zu finden. Sie suchten neue Wege, die Auseinandersetzung mit Arbeitsbedingungen und -prozessen

What can collaborative working and teaching at a university of art and design look like? Students in the Fashion Design and Communication Design study programmes found out when they worked together on a joint project for six months. The collective "You Can Sit With Us" (YCSWU), a group collection, and a book are the result. We talked with Evelyn Sitter, professor for Fashion Design and initiator of the project.

Editorial board (E)

What inspired you to organise a student project that focussed on collaboration?

Evelyn Sitter (ES)

I don't believe on training everyone to become "author-designers" and creative directors. We must qualify designers to work together with diverse voices and needs and to handle their own resources and those of others responsibly, and give them the opportunity to learn to share early on. I want to give them the space to find their own focus and build their own structures during their studies such that they are as well prepared to enter a constantly changing and demanding profession as possible.

E

Please tell us more about the project!

ES

The students and teachers in the Fashion Design study programme and the Communication Design study programme worked together on the project for six months. The collective "You Can Sit With Us" quickly emerged with the aims of questioning the existing structures in the fashion world and finding a contemporary, more caring approach to work. They looked for new ways to combine the examination of working conditions and processes with

mit der gestalterischen Entwicklung eines Projektes zu verbinden. Dabei experimentierten die Beteiligten mit alternativen Arbeits- und Kommunikationsformen und mussten einen Umgang miteinander finden, der sich nicht auf das individuelle Arbeiten und das ständige Schöpfen aus sich heraus fokussiert. Innerhalb der Arbeitsgruppe bildeten die Studierenden sogenannte Departments mit den Schwerpunkten Aktivismus, Form und Kommunikation, Print*, LAB, Tier/Mensch, Wäsche+. Neben der Projektarbeit besprach die Gruppe zeitgemäße Anliegen im Design und darüber hinaus intern mit Aktivist*innen und Designer*innen aus der internationalen Industrie. Entstanden sind am Ende eine Kollektion und ein Buch.

the creative development of a project. Experimentation was key: the participants worked with alternative forms of work and communication, and had to find a way of dealing with each other that did not focus on individual works and continuously creating from within themselves. Inside the task force, the students created “departments” entitled Aktivismus, Form und Kommunikation, Print*, LAB, Tier/Mensch, Wäsche+ (Activism, Form and communication, Print*, LAB, Animal/human, and Underwear+). Alongside the project work, the group talked about current issues in design and internally, met with activists and designers from the international fashion industry. At the end, they created a collection and a book.

R

Wie unterscheidet sich der Ansatz des Projekts von bisherigen Lehrangeboten in der Mode?

ES

Traditionell erarbeiten Studierende im nationalen und internationalen Vergleich ihre Kollektionen im Alleingang. In diesem Projekt haben alle Studierenden gemeinsam eine Kollektion erstellt. In unterschiedlichen Departments, bestehend aus bis zu drei Personen, wurden Kleidungstücke entwickelt, die dann am Ende zu einer großen Kollektion gestylt wurden. Den Student*innen wurde somit ermöglicht, spezialisiertes Wissen in einer Produktgruppe aufzubauen, das sie wiederum in der Projektgruppe weitergeben konnten. Die Gruppe bestimmte die Regeln der kollektiven Identität und der kollektiven

E

What is the difference in approach between this project and the other course offerings in Fashion Design?

ES

Traditionally and in national and international comparison, students develop their collections alone. In this project, the students created one collection together. In the different departments comprising up to three persons, they developed garments that were styled to create one large collection at the end. The students were able to develop specialised knowledge in one product group that they could in turn pass on to the project group. The group determined the rules of the collective identity and collective actors. Further, they had to discuss and codify the conditions of the creative direction, intellectual property,

Akteur*innen. Des Weiteren sollten die Bedingungen einer kreativen Leitung, des geistigen Eigentums und der Teilhabe diskutiert und festgelegt werden. Parallel dazu liefen wöchentliche Gruppengespräche, um die unterschiedlichen Entwicklungen zu überblicken und die neuen Arbeitsabläufe zu reflektieren.

R

Die Ergebnisse des Projekts mündeten in einer Publikation – wie kam es dazu?

ES

In diesem Projekt war das parallele Reflektieren und Auswerten der neuen Arbeitswege ganz wichtig. Durch das Auszeichnen und Verschriftlichen wurde dem Raum gegeben und Wert zugeschrieben. Wir widmeten uns auch Fragen zur Arbeitsbelastung. „24/7" beginnt in der Mode leider schon früh im Studium und ist in der Arbeitswelt leider nach wie vor normal. In der selbst initiierten Zusammenarbeit zwischen den Studierenden des Modedesigns und des Kommunikationsdesigns gründete sich das Vorhaben dieser Publikation. Sie soll nicht nur die Erfolge zeigen, sondern auch die Schwierigkeiten und Herausforderungen, die diese neuen Prozesse innehaben. Die Student*innen erzählen in dem Buch von ihren Prozessen und sprechen offen über Themen und Phänomene wie Erschöpfungsstolz, Erholungspanik, Ego und Empathie.

and participation. In parallel, weekly group discussions were held to give everyone an overview of the various developments and reflect on the new workflows.

E

The results of the project were published in book form – how did that come about?

ES

In this project, reflecting on and evaluating the new way of working in parallel played an important role. By focussing on these aspects and capturing them in writing, they occupied space within the project and acquired value. We also devoted our time to the issue of workload. "24/7" unfortunately begins early at universities and is still considered normal in the working world. The publication project was founded on the self-initiated collaboration between students in Fashion Design and Communication Design. It is meant to highlight the successes, difficulties, and challenges inherent in these new processes. The students tell about their processes in the book and openly speak about themes and phenomena like Erschöpfungsstolz (pride in being exhausted), Erholungspanik (panic triggered by recovery), ego, and empathy. In the book, the self-images and manifestos of

Selbstverständnisse und Forderungen der Departments sind in Text und Bild dargestellt. Gespräche mit internationalen Gästen rücken aktuelle Herausforderungen und Fragestellungen in den Fokus. Das Buch vereint also den Blick hinter diverse Kulissen der Modebranche und -arbeitswelt.

R

Was nehmen Sie für Ihre zukünftige Lehrtätigkeit aus der Erfahrung mit dem Projekt mit?

ES

Mit dieser Erfahrung gehe ich sicherer in das Wagnis der neuen Lehrformate. Ich bin der Gruppe sehr dankbar für ihr Engagement und ihre Reflexionen, im persönlichen Gespräch sowie in der Publikation. In meiner Lehre ist die Suche nach Formaten für das kollegiale, kollaborative und kollektive Lernen elementar. Dieses gestalterische Forschen unternehme ich am liebsten gemeinsam mit den Studierenden. Wir alle haben sehr viel über das Arbeiten in der Gruppe gelernt: Wie viel Halt und Kraft der Austausch geben kann,

the departments are presented in text and images. Conversations with international guests shine the spotlight on current challenges and issues. In sum, the book unites glimpses behind a variety of scenes in the fashion world and the working world.

E

Which of your experiences with the project will you incorporate in your future teaching activity?

ES

Based on the overall experience, I will venture into new teaching formats with more confidence. I am very grateful to the group for their commitment and reflections in both personal talks and the publication. The search for collegial, collaborative, and collective learning is a basic element of my teaching. I prefer to conduct this creative research together with the students. All of us learned a lot about working as a group: how much support and strength sharing can provide; different ways of dealing with our ego, which would often rather do things

wie mit dem Ego, das vieles lieber allein machen möchte, umgegangen werden kann, wie Gruppenprozesse erschwert oder erleichtert werden können. Und wie viel Energie generiert werden kann, wenn alle richtig loslegen: Die Studierenden sind noch weitere Kooperationen eingegangen, haben Gastvorträge etabliert und mehrere Essays geschrieben.

Danke für das Interview!

alone; and how group processes can be made more difficult or easier. And the enormous power we can generate once everyone gets going: the students have entered into additional partnerships, established guest talks, and written several essays.

Thank you for the interview!

04.–13.05.

RE:ENCHANTED BODIES – Ausstellungsprojekt der Kunstwissenschaften der BURG

Die Ausstellung im Einkaufszentrum Rolltreppe, kuratiert von den Studierenden Hanna Thuma und Janika Jähnisch, zeigt auf eindrucksvolle Weise die körperlichen Auswirkungen von Gewalt an Frauen auf und lädt dazu ein, gemeinsam über Lösungsansätze nachzudenken.

RE:ENCHANTED BODIES – Exhibition project by Art Sciences at BURG

Curated by the students Hanna Thuma and Janika Jähnisch, the exhibition in the Rolltreppe shopping mall was an impressive presentation of the physical effects of violence against women and at the same time, an invitation to reflect on solutions together.

04.05.–18.06.

Gemeinschaftsausstellung in Glauchau: *Steinbruch 2*

Studierende und Absolvent*innen der drei Kunsthochschulen BURG, Hochschule für Grafik und Buchkunst Leipzig und Hochschule für Bildende Künste Dresden zeigen Arbeiten aus den jeweiligen Lithografie-Werkstätten.

Group exhibition in Glauchau: *Steinbuch 2* (Quarry 2)

The students and graduates of three universities of the arts, BURG, the Academy of Fine Arts Leipzig, and Dresden Academy of Fine Arts, presented works from their lithography workshops.

06.05.–03.09.

Erz – Geburt eines Körpers – Die Studienrichtung Bildhauerei / Figur in Lauchhammer

Die Studierenden der Studienrichtung Bildhauerei / Figur, Matilda Starke, Br und Younghyun Min, präsentieren ihre in Zusammenarbeit mit der traditionsreichen Kunstgießerei Lauchhammer entstandenen Eisengüsse im Kunstgussmuseum in Lauchhammer.

Erz – Geburt eines Körpers – The Figure Sculpture study programme in Lauchhammer

Three students in the Figure Sculpture study programme, Matilda Starke, Br, and Younghyun Min, showed the cast iron works they created in collaboration with the venerable Kunstgießerei Lauchhammer art foundry in the art casting museum in Lauchhammer.

08.05.

Begehung des Geländes des ehemaligen KZ-Außenlagers Birkhahn

In Erinnerung und Gedenken an die Opfer und Betroffenen der Zwangsarbeit in den Siebel-Flugzeugwerken findet eine Begehung auf dem ehemaligen KZ-Außenlager Birkhahn statt. Die BURG unterstützt den Audiowalk mit Mitteln aus dem Netzwerk „Weltoffene Hochschulen".

Tour of the premises of the former Birkhahn subcamp

In commemoration and remembrance of the victims and others affected by forced labour in the Siebel plane factories, a tour of the former Birkhahn sub(concentration)camp was organised. BURG supported the audio walk with funds from "German Universities Open to the World".

09.05.

Jour Fixe: Pierre Antoine Vettorello zu Gast

Der Fashion-Designer und Forscher beschäftigt sich mit der Methode der kritischen Fabulation im zeitgenössischen Kontext anhand der Modegeschichte der Senegalesin Babi Diop und fordert damit einen neuen Umgang mit Kolonialismus, Extraktion und Neoliberalismus in der Mode heraus.

Jour Fixe: Pierre Antoine Vettorello visits BURG

The fashion designer and researcher examined the methods of critical fabulation in the contemporary context based on the sartorial story of the Senegalese Babi Diop. He challenges the fashion world to deal with colonialism, exploitation, and neo-liberalism differently.

17.05.

IN THE BLINK OF AI – Symposium zu Künstlicher Intelligenz in Kunst und Design

Das Symposium behandelt die Auswirkungen maschinell lernender Systeme auf die künstlerisch-gestalterische Arbeit wie auch auf die Hochschullehre. Organisiert wurde die Veranstaltung von Studium Digitale.

IN THE BLINK OF AI – Symposium on artificial intelligence in art and design

The symposium dealt with the effects of machine learning system on artistic and design-related work, and on teaching at universities. Studium Digitale organised the event.

18.05.–11.06.

Spuren von Arbeit mit *Proviant & Proportionen* der Studienrichtung Zeitbasierte Künste

Mit ihrer Doppelausstellung markiert die Studienrichtung Zeitbasierte Künste ihr zwölfjähriges Bestehen. Auf politische wie auf poetische Weisen wird dabei der Begriff „Arbeit" unter die Lupe genommen. Im ersten Teil der Ausstellung – *Spuren von Arbeit* – wird der heutige künstlerische Arbeitsalltag der Alumni der Studienrichtung beleuchtet. Dabei geht es um Fragen von Prozess und Arbeit, von künstlerischer Produktion und Selbstversorgung. Aus diesen Leitideen entwickeln Studierende im zweiten Teil *Proviant & Proportionen* ein eigenes Ausstellungskonzept und präsentieren, welche Fragestellungen aus Geschichte und Gegenwart sie aktuell bewegen.

Traces of work with *Provisions & proportions* by the Time-based Arts study programme

With their double exhibition, the Time-based Arts study programme celebrated its 12th anniversary. In a political and poetic manner, alumni and students took a close look at the term "work". The first part of the exhibition – *Spuren von Arbeit* (Traces of work) – shone a spotlight on the art-related working life of the study programme's alumni. The focus was issues of process and work, artistic production, and self-sufficiency. Taking these issues as guiding principles, the students developed their own exhibition concept *Proviant & Proportionen* (Provisions & proportions): the second part. They presented the historical and contemporary questions that currently preoccupy them.

01.06.

BURGdokumentiert zeigt *Marguerite!*

Die Veranstaltungsreihe BURGdokumentiert zeigt den Film *Marguerite: From the Bauhaus to Pond Farm* von David Washburn. Er behandelt die Arbeit und das Leben von Marguerite Friedlaender, die aufgrund ihrer jüdischen Herkunft 1933 ihre Lehre an der BURG abbrechen musste und zunächst in die Niederlande, später in die USA emigrierte.

BURGdokumentiert presents *Marguerite!*

The event series BURGdokumentiert presented the film *Marguerite: From the Bauhaus to Pond Farm* by David Washburn. It focuses on the work and life of Marguerite Friedlaender. Due to her Jewish background, she had to stop teaching at BURG, flee to the Netherlands and ultimately emigrate to the U.S.A.

05.–07.06.

SustainLab der BURG zu Gast auf der re:publica in Berlin

Bei der re:publica, dem Festival für digitale Gesellschaft, werden aktuelle Fragestellungen rund um Politik, Ökonomie und Kultur diskutiert. Das SustainLab stellt seine Forschungsarbeit vor und lässt Besucher*innen Recyclingprozesse selbst ausprobieren.

SustainLab from BURG visits re:publica in Berlin

At re:publica, the festival for digital society, current issues around policy, economic and culture are in focus. SustainLab presented its research work and let visitors try out recycling processes themselves.

07.06.

Die BURG beim halleschen Firmenlauf 2023

Zum ersten Mal beteiligt sich die BURG mit gleich sechs Teams á vier Teilnehmer*innen am jährlich stattfindenden Event der Stadt Halle (Saale).

BURG at Firmenlauf 2023 in Halle

For the first time, BURG participated in the annual company run organised by the city of Halle (Saale), fielding a total of six teams with four runners each.

MEMBRA(I)NES
12. Jahrestagung der Fachgesellschaft für Gender Studies
12th annual meeting of the Gender Studies Association

15.06.–17.06.

Die Burg Giebichenstein Kunsthochschule Halle und die Hochschule für Grafik und Buchkunst Leipzig waren gemeinsame Schauplätze für die 12. Jahrestagung der Fachgesellschaft für Gender Studies.

membra(l)nes war die erste Jahrestagung in der Geschichte der Fachgesellschaft, die an zwei Kunsthochschulen sowie in Ostdeutschland stattfand. Sie arbeitete sich so selbst an Grenzen ab, zwischen Städten, politischen Systemen und akademischen Räumen. Ein Round Table zu eben dieser Thematik schloss die Tagung ab.

„Wir saßen in der Galerie der Burg Giebichenstein Kunsthochschule Halle. Das letzte Podium vor dem Konzert lief. Im Publikum herrschte eine angespannte Konzentration, als würde niemand im Raum auch nur ein Wort, auch nur eine Gebärde verpassen wollen. Trong Duc Do, Tania Kolbe und Okan Kubus unterhielten sich, moderiert von Mehmet Arbag, über ‚P_Ostdeutsche Perspektiven. Dis_Kontinuitäten der Grenzziehung zwischen Ost und West'. So hatten wir das Abschlusspodium von *membra(l)nes*, der 12. Jahrestagung der Fachgesellschaft Gender Studies, genannt. Es war Absicht, dieses Gespräch im Programm so zu platzieren, dass die Bedeutung, die es für uns als Team hatte, zum Ausdruck kommen konnte. Der Raum, so schien mir, spürte das. Auf einmal ging es um alles auf dieser Tagung, die aufgrund der vielen Angebote […] manchmal den Fokus zu verlieren drohte. Do, Kolbe, Kubus und Arbag machten deutlich, dass sie in diesem von asymmetrischen Machtverhältnissen durchzogenen Rahmen nur bis zu einem gewissen Grad erzählen wollten, was ihre Perspektiven als Schwarze Ostdeutsche, als ‚Ossi of Color', so Dos Selbstbezeichnung, als Vertragsarbeiter*innenkinder, als queere, taube Migrant*innen in Ostdeutschland hinsichtlich aktueller Verhandlungen der Erinnerung an die DDR und der Politisierung des ‚braunen Ostens' sind und was ihre Alltagsrealität angesichts der rechten Hegemonie in Ostdeutschland ist. Die Stille im Raum zwischen Okan Kubus' Gebärden und dem Einsetzen der Verdolmetschung;

Burg Giebichenstein University of Art and Design Halle and the Academy of Fine Arts Leipzig provided a joint venue for the 12th annual meeting of the Gender Studies Association.

membra(l)nes was the first annual meeting in the history of the Association to take place at two universities of art and in eastern Germany. It processed boundaries – between cities, political systems and academic spaces – for itself. A roundtable on exactly this issue completed the meeting.

"We sat in the gallery of Burg Giebichenstein University of Art and Design Halle. The last podium discussion before the concert was to go on. An atmosphere of tense concentration filled the room, as if nobody in the audience wanted to miss a word or a gesture. Moderated by Mehmet Arbag, Trong Duc Do, Tania Kolbe and Okan Kubus talked about "P_Ostdeutsche Perspektiven. Dis_Kontinuitäten der Grenzziehung zwischen Ost und West" (Post/eastern German perspectives. Dis/continuities in the demarcation between East and West). That was what we called the final podium discussion of *membra(l)nes*, the 12th annual meeting of the Gender Studies Association. We deliberately scheduled the discussion such that the importance it had for us as a team could be expressed. It seemed to me that the audience got the message. The three-day conference was packed with lectures, performances and exhibitions, but this discussion brought the main theme into focus. As black East Germans (Do calls himself an "Ossi of Colour"), as the children of contract workers, and as queer, deaf migrants in East Germany, Do, Kolbe, Kubus and Arbag made it clear that within this framework pervaded by asymmetrical power structures, they only wanted to talk about their perspectives on the current discussion around remembrance of the GDR and the politicization of the "brown East" and their everyday reality in view of the right-wing hegemony in eastern Germany to a limited extent. The silence in the room in the interval between Okan Kubus' signs and their interpretation; the calm that the moderator Mehmet Arbag

die Ruhe des Moderators Mehmet Arbag, jede Frage vorsichtig abwägend; die Kraft Tania Kolbes, mit Humor Gewalt sichtbar zu machen; Trong Duc Dos Verzweiflung im Versuch, auch Zuversicht auszustrahlen [...]

Die Scham darüber, gedacht zu haben, dieses Podium könne auch etwas über das sich im Hochschulkontext als Klassismus und Antikommunismus formulierende Ost-Stigma berichten, über die Kontinuität des Ausschlusses Ostdeutscher aus der Wissenschaftselite (Universität Leipzig, 2023), die Absenz spezifischer Medienhistoriografien der DDR in den Medienwissenschaften (ZfM 27 [2/2022]: Reparaturwissen: DDR) – also darüber, was der (Medien-)Wissenschaft (analytisch, epistemologisch, personell und strukturell) ausgeht –, verriet etwas über mein Scheitern, am ‹Klassen-Übertrittspunkt› die Differenzen im Blick zu behalten, die aufgrund von Migration, Vertragsarbeit, Rassismus zwischen mir und den Podiumsgästen einen Abstand herstellten. Die Scham zeugte von den Lücken in meiner Aufarbeitung und meiner Erinnerung an die DDR, von der ich nichts wusste. Wusste ich nichts?“*

radiated as he asked carefully phrased questions; the strength that Tania Kolbe demonstrated as she made violence visible through humour; and Trong Duc Do's despair during his attempt to express optimism [...]

My shame about having thought that this podium discussion could also report something about the East stigma that formulates itself as Classicism and Anti-communism in the university context, about the ongoing exclusion of East Germans from the academic elite (Leipzig University, 2023), the absence of specific media historiographies of the GDR in media studies courses (ZfM 27 [2/2022]: Reparaturwissen: DDR) – thus, about what (media) studies (the analytical, epistemological, personnel and structural aspects) turns out –, revealed something about my failure to keep an eye on the differences at the “class gateway” which, due to migration, contract work and racism, established distance between the podium guests and me. The shame testified to the gaps in my reappraisal and my remembrance of the GDR – gaps of which I was not aware. Was I not aware?”*

Vom 15. bis 17. Juni 2023 setzten sich Wissenschaftler*innen, Künstler*innen und Designer*innen unter dem Titel *membra(l)nes* mit dem Konzept der Membran als Metapher in der künstlerischen und wissenschaftlichen Praxis auf der Jahrestagung der Fachgesellschaft für Gender Studies auseinander. Es fanden verschiedene Ausstellungen, Vorträge, Paneldiskussionen und Online-Interventionen statt. Im Fokus stand die Schnittstelle zwischen intersektionaler Geschlechterforschung und Kunst, mit der zentralen Frage, ob anthropozentrisches Denken durch die wörtliche Bedeutung von Membranen überwunden werden kann.

* Textauszug aus Arbeiter*innenkinder von Katrin Köppert, Mit-Organisatorin der Jahrestagung über das Abschlusspanel von membra(l)nes in der ZfM – Zeitschrift für Medienwissenschaft

Katrin Köppert ist Kunst- und Medienwissenschaftler*in mit Schwerpunkt auf Gender-/Queer Studies und Post-/Dekoloniale Theorien und seit 2019 Juniorprofessor*in für Kunstgeschichte/populäre Kulturen an der Hochschule für Grafik und Buchkunst Leipzig.

Under the title *membra(l)nes*, academics, artists and designers examined the concept of the membrane as a metaphor in artistic and scientific practice at the annual meeting of the Gender Studies Association from 15 – 17 June, 2023. A wealth of exhibitions, talks, panel discussions and online interventions took place during the meeting. The focus was the interface between intersectional gender research and art, with the main issue of whether or not anthropocentric thinking can be overcome through the literal meaning of “membranes”.

* Translation of an excerpt from Arbeiter*innenkinder, by Katrin Köppert, co-organiser of the annual meeting about the final discussion of membra(l)nes in ZfM – Zeitschrift für Medienwissenschaft

Katrin Köppert is an art and media scientist with a focus on gender/queer studies and post-/de-colonial theories. She has been a junior professor for art history/popular culture at the Academy of Fine Arts Leipzig since 2019.

Mit Beiträgen von:
Hongwei Bao, Micha Cárdenas, Ančan Daučíková, Heather Davis, Lou Drago, Kara Keeling, Sabine Mohamed, Helen Pritchard, Rahul Rao, Karen Tongson, Jeremy Wade, Alexander Ghedi Weheliye, HGB Radio u. v. m.

Ausstellungen in der Burg Galerie im Volkspark in Halle & HGB Galerie in Leipzig mit Arbeiten von:
Nora Chipaumire, Jared Cooper Cobain, Dan Dansen, Ančan Daučiková, Lou Drago, HYENAZ, Len Köster, Holly Patch & Holden Madagame, Meta Mramor und Annika Stoll

Organisator*innen:
Yeşim Duman, Antkek Engel, Susanne Huber, Katrin Köppert, Isabel Lewis, Friederike Nastold und Lars Paschke

Awarenesskonzept:
Sara Bahadori and Vanessa Fuguero

Partner*innen/Förderung:
Burg Giebichenstein Kunsthochschule Halle, Deutsche Forschungsgemeinschaft (DFG), Fachgesellschaft Gender Studies e.V., Gender/Queer e.V., Hochschule für Grafik und Buchkunst Leipzig, Universität Oldenburg

Gefördert durch die Bundeszentrale für politische Bildung

Kompletter Artikel von Katrin Köppert/Complete article by Katrin Köppert here:

With contributions from:
Hongwei Bao, Micha Cárdenas, Ančan Daučíková, Heather Davis, Lou Drago, Kara Keeling, Sabine Mohamed, Helen Pritchard, Rahul Rao, Karen Tongson, Jeremy Wade, Alexander Ghedi Weheliye, HGB Radio and many more

Exhibitions in Burg Gallery in the Volkspark in Halle & HGB Galerie in Leipzig with works by:
Nora Chipaumire, Jared Cooper Cobain, Dan Dansen, Ančan Daučiková, Lou Drago, HYENAZ, Len Köster, Holly Patch & Holden Madagame, Meta Mramor and Annika Stoll

Organised by:
Yeşim Duman, Antkek Engel, Susanne Huber, Katrin Köppert, Isabel Lewis, Friederike Nastold and Lars Paschke

Awareness concept:
Sara Bahadori and Vanessa Fuguero

Partners/Funding:
Burg Giebichenstein University of Art and Design Halle, German Research Foundation (DFG), Gender Studies Association, Gender/Queer Association, Academy of Fine Arts Leipzig and the University of Oldenburg

Funded by the Federal Agency for Civic Education

↗ *P_Ostdeutsche Perspektiven. Dis_Kontinuitäten der Grenzziehung zwischen Ost und West.* (Post/eastern German perspectives. Dis/continuities in the demarcation between East and West)

Roundtable mit/with: Trong Duc Do, Tania Kolbe, Okan Kubus, Jane Weiß,

Moderation: Mehmet Arbag

↖← Caroline Achaintre, Isabel Lewis, Friederike Nastold, Lars Paschke, Hans Stofer, Andrea Tinnes und Studierende/and Students *Das Sexprojekt* (The Sex Project),

Interdisziplinäre Begegnung
Interdisciplinary encounter

→ *Puddles the Pelican ft the Creatures from the Deep*

Konzert mit und von/Concert with and from: Jeremy Wade, Liliana Zieniawa, Daigo Sakai, Eric Wong und Darcey Bennett

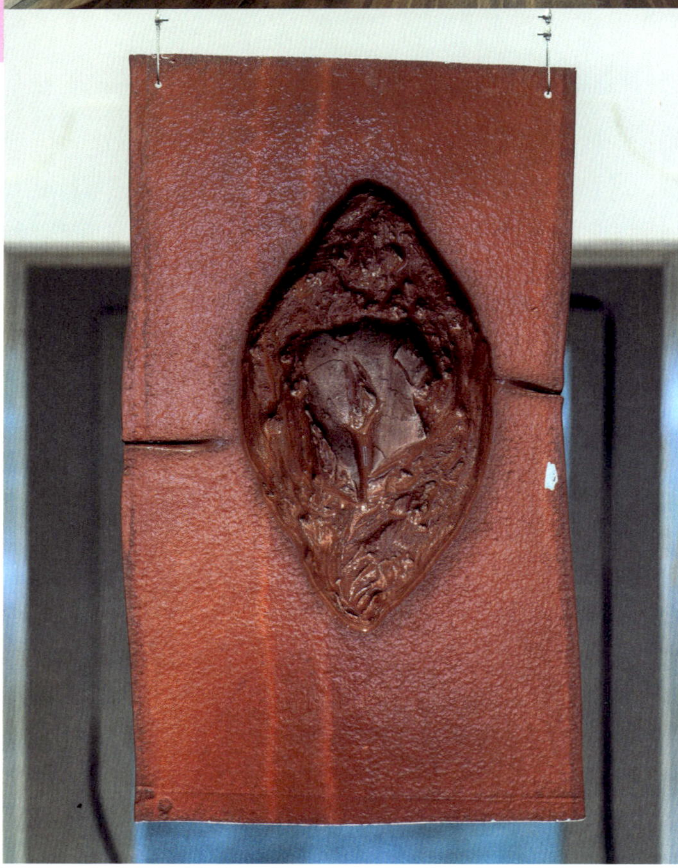

↑ *Kontakt 3 (daddy issues)*
Len Köster, 2022

↗ *Membra(i)ne I – IV*
Jared Cobain, 2023

↗ *Signals*
Videoinstallation
Video installation
HYENAZ, 2022

← *rana*
Glasobjekt
Glass object
Meta Mramor, 2022

→ *Soft Transformation*
Textilinstallation
Textile installation
Annika Stoll, 2023

(through stones and spit,
a redbull and vodka,
thrown at her head)

17.06.–01.07.

Ping Pong with AI–Mitarbeitende des Studium Digitale stellen in Leipzig aus

Die Burg-Mitarbeitenden des Studium Digitale stellen im Kunstraum Ortloff in Leipzig ihre Auseinandersetzungen mit und zu Künstlicher Intelligenz in unterschiedlichen Medien und Positionen vor.

Ping Pong with AI–The assistants of Studium Digitale show in Leipzig

The BURG employees in Studium Digitale exhibited their examination of and experience with Artificial intelligence in a range of media and works in Kunstraum Ortloff in Leipzig.

19.06.

Studiengruppe Informationsdesign stellt sich in Berlin vor

Prof. Matthias Görlich, Maja Redlin und Nils Krüger der Studiengruppe Informationsdesign (SI) der BURG folgen der Einladung des Internationalen Design Zentrums Berlin und stellen sich und ihre Arbeitsweise vor: Im Vordergrund steht das Potenzial von Kommunikationsdesign bei der Vermittlung gesellschaftspolitisch relevanter Themen.

Information Design study group introduced itself in Berlin

Prof. Matthias Görlich, Maja Redlin, and Nils Krüger of the Information Design study group (SI) at BURG accepted the invitation of the International Design Center Berlin and introduced themselves and their working methods. Their primary focus is the potential of communication design for transferring knowledge around sociopolitically relevant topics.

20.06.

Die Künstlerische Leiterin der *Manifesta 14*, Catherine Nichols, ist zu Gast

Catherine Nichols spricht im Jour Fixe über ihre Erfahrungen als Kuratorin der *Manifesta 14 Prishtina – The European Nomadic Biennial* im letzten Jahr, die in der Hauptstadt Kosovos stattfand. Nichols experimentelle, interdisziplinäre Herangehensweise an das Kuratieren zieht sich durch das Ausstellungskonzept der Biennale.

Artistic director of *Manifesta 14*, Catherine Nichols, visits BURG

At the Jour Fixe, Catherine Nichols talked about what she experienced as the curator of *Manifesta 14 Prishtina – The European Nomadic Biennial*, which took place in Pristina, the capital of Kosovo, last year. Nichols' experimental, interdisciplinary approach to curating was the guiding principle of the Biennale's exhibition concept.

22.06.

Field Work–Gemeinschaftsprojekt der BURG und der HfK Bremen

Die Klasse für Zeichnen/Malerei der Hochschule für Künste Bremen und die Studienrichtung Grafik der BURG präsentieren künstlerische Arbeiten, die abwechselnd im Uferbereich der Weser und der Saale gezeigt werden.

Field Work–Group project of BURG and the University of the Arts Bremen

The drawing/painting class at University of the Arts Bremen and the Graphic Arts study programme at BURG presented works of art that were shown by turns on and near the banks of the Weser and Saale rivers.

05.07.

Burg Voyage–Arbeiten von Studierenden in Brüssel

Die Vertretung des Landes Sachsen-Anhalt bei der Europäischen Union in Brüssel hat die BURG eingeladen, im Rahmen ihres Sommerfestes eine Gruppenausstellung zu konzipieren: So sollen nicht nur junge künstlerische Positionen aus Sachsen-Anhalt vorgestellt, sondern auch die BURG als wichtige Institution künstlerischer und kultureller Bildung in Deutschland repräsentiert werden. Insgesamt 15 Studierende aus sieben verschiedenen Studienrichtungen des Fachbereichs Kunst präsentieren Arbeiten, die in der Gruppenausstellung ein eindrucksvolles Gesamtbild des Schaffens an der BURG zeigen. Neben der Heterogenität der Arbeitsweisen wurde auch die Qualität und Originalität der ausgewählten Werke deutlich.

Burg Voyage–Works from students in Brussels

The representation of the state of Saxony-Anhalt at the European Union in Brussels invited BURG to develop a concept for a group exhibition as part of its summer party. It was an opportunity to present both the works of young artists from Saxony-Anhalt and BURG as a key institution of artistic and cultural education in Germany. A total of 15 students from seven different study programmes in the Art Faculty presented works in a group exhibition that showed an impressive overall picture of creativity at BURG. Alongside the heterogeneity of the working methods, the quality and originality of the selected works was obvious.

07.07.

Lange Nacht der Wissenschaften–die BURG lädt ein

Studierende und Lehrende geben in verschiedenen Vorträgen, Führungen und einer kleinen Ausstellung Einblicke in die Forschungsprozesse an den Schnittstellen von Kunst, Design und Wissenschaft.

Long night of the sciences–BURG opens its doors

In a wide range of talks, tours, and a small exhibition, the students and teachers provided insights into the research processes at the interface of art, design, and science.

07.07.–03.09.

Kunsthochschule goes Museum!–15 Jahre Grassi Nachwuchspreis

Das Grassi Museum präsentiert Arbeiten von 14 Alumni aus dem Fachbereich Design, die in den vergangenen 15 Jahren mit dem Grassi Nachwuchspreis ausgezeichnet wurden. Die Ausstellung zeigt überdies auf, wie die Alumni zum Designstudium an der BURG fanden und wie es nach dem Nachwuchspreis für sie weiterging.

Kunsthochschule goes Museum!–15 years Grassi Young Talents Award

The Grassi Museum presented the works of the 14 alumni of the Design Faculty who received the Grassi Young Talents Award in the past 15 years. Further, the exhibition shows why the alumni decided to study at BURG and how their careers progressed after receiving the award.

TAKE OFF 2023
Meisterschüler*innen der BURG
Präsentation der Abschlussarbeiten
erstmalig zur Jahresausstellung
Meisterschüler at BURG
For the first time, presentation of the
final works at the annual exhibition

Sommersemester 2023

15.07.–06.08.

*Take Off 2023–Meisterschüler*innen der BURG*
Präsentation der Abschlussarbeiten erstmalig zur Jahresausstellung

Mit *Take Off 2023* setzte die BURG ihre im August 2021 begonnene Ausstellungsreihe fort und präsentiert von nun an die Abschlussarbeiten der Meisterschüler*innen jährlich parallel zur Jahresausstellung Mitte Juli. 14 Meisterschüler*innen zeigten auf den ersten Blick Malerei, Skulptur, Keramik, Fotografie, Schmuck, textile Arbeiten, Buchkunst und ein Spiel. Auf den zweiten Blick stellte sich heraus, dass die Grenzen der Kunstformen offen sind, sie einander durchdringen und mitunter gar hybride Werke entstanden.

So kreierte Adrian Rötzscher ein Objekt, das sowohl ein Stuhl als auch ein Buch ist, und hinterfragte unsere Umgangsweise mit diesen Gegenständen. Lisa Marie Quester folgte der Frage, wieviel Einfluss und Potenzial in den Buchstabenfolgen eines Namens stecken können. Charlotte Antony zeigte eine Installation mit Objekten und Zeichnungen, die in ihrer Form und Materialität an fotografierte, freigestellte Felsformationen erinnern. Tatsächlich aber zeigten sie die Bewegungen ihrer Finger im Grafit. Während Carlo Leopold Broschewitz das Meisterschüler*innen-Studium nutzte, um seine malerische Formsprache weiterzuentwickeln, hat Song Zhifeng damit experimentiert, verschiedene Abfälle in neue Keramik umzuwandeln. Tareq Alghamian wiederum widmete sich bildhauerisch der Dekonstruktion und Reduktion. Beobachtete Phänomene wurden auf elementare geometrische Formen reduziert und dann neu verbunden. Marlen Tennigkeit erforschte als Bildhauerin den inneren Raum. Sie transformierte immaterielle Zustände in Materie und arbeitete mit wiederkehrenden Formen durch Faltung. Manuel Wagner beschäftigten als Maler sensible Themen unserer Zeit wie das Meer als Ökosystem. Axel Winter lotete in der Malerei verschiedene Zustände aus: Rhythmus, Wechselwirkungen, Kontrolle und Loslassen bestimmten seinen Arbeitsprozess.

Summer semester 2023

Take Off 2023–Meisterschüler at BURG
For the first time, presentation of the final works at the annual exhibition

Take Off 2023 was the continuation of the exhibition series at BURG that began in August 2021. From 2023 on, the final works of the “Meisterschüler” will be shown in parallel to the Annual Exhibition in mid-July. At first glance, a total of 14 “Meisterschüler” showed painting, sculpture, ceramics, photography, jewellery, textile works, book art, and a game. But at second glance, it was apparent that the boundaries of the art forms are open, they penetrate each other, and even hybrid works, among other things, were exhibited.

For example, Adrian Rötzscher created an object that is both a chair and a book, questioning the way we handle these objects. Lisa Marie Quester engages with the question of how much influence and potential a sequence of letters, particularly those in a name, can possess. Charlotte Antony showed an installation with objects and drawings that, in terms of their form and materiality, are reminiscent of photographed, cropped cliff formations. However, they actually show the movements of her fingers in graphite. While Carlo Leopold Broschewitz used the Meisterschüler study programme to develop his artistic language of form further, Song Zhifeng experimented with transforming various types of waste into new ceramic objects. On the other hand, Tareq Alghamian devoted his sculptural work to deconstruction and reduction. He reduced observed phenomena to elementary geometric forms and then connected them anew. The sculptor Marlen Tennigkeit researched the interior space. She transformed immaterial states into material and worked with repetitive forms by means of folding. As a painter, Manuel Wagner examined sensitive contemporary themes like the sea as an ecosystem. Axel Winter explored various states through painting: rhythm, interaction, control, and release determined his work process. The woodcuts and reliefs in wood by Hanna Sass emerged from

Die Holzschnitte und Holzreliefbilder von Hanna Sass entstanden aus einem starken gestischen Impuls und zeigen den körperlichen Einsatz der Künstlerin. Den textilen Arbeiten von Maja Behrmann ging eine kontinuierliche Archivierungspraxis von Formen und ihren Fragmenten voraus. Daraus generierte sie Materialkomplexe mit verdichteten Mustern in intensiver Farbigkeit. Im Zwischenspiel der Fotografien und Texte von Eva Ulm entspann sich ein gedanklicher Raum, in dem existenzielle menschliche und weltliche Themen beiläufig erkundet wurden. Sunhi Jaeger arbeitete mit Papier, das aus einem Maulbeerbaum gewonnen wurde, um Schmuck als künstlerische Disziplin neu zu denken. Ihre Gestaltungsprinzipien stehen im Spannungsfeld von östlicher und westlicher Kultur. Tanja Schröder lud zum gemeinsamen Spielen ein. Bunte Figuren und hängende Tücher signalisierten: Tretet ein, hier wird gespielt!

Ein Meisterschüler*innen-Studium können Kunstabsolvent*innen einem Studienabschluss anschließen, es richtet sich an besonders herausragende Studierende im Fachbereich Kunst. Hierbei erfolgt die Ernennung zur*m Meisterschüler*in durch eine*n Professor*in der Hochschule in Abstimmung mit dem Fachbereichsrat Kunst. In den letzten Jahren ist die Anzahl derer, die an der BURG den Meisterschüler*innenabschluss erhielten, gewachsen.

Take Off 2023 – Meisterschüler*innen der BURG

Ausstellungsdauer
15. Juli bis 6. August 2023

Ausstellungsort
Burg Galerie im Volkspark, Schleifweg 8a, 06114 Halle (Saale)

Ausstellende
Tareq Alghamian, Charlotte Antony, Maja Behrmann, Carlo Leopold Broschewitz, Sunhi Jaeger, Lisa Marie Quester, Adrian Rötzscher, Hanna Sass, Tanja Schröder, Marlen Tennigkeit, Eva Ulm, Manuel Wagner, Axel Winter und Song Zhifeng

Kuratiert von
Dr. Jule Reuter, Kuratorin der Burg Galerie im Volkspark, in Zusammenarbeit mit Flora Taubner und Leona Blum

a strong gestural impulse and show the artist's physical effort. The textile works of Maja Behrmann are informed by a continuous archiving practise of forms and their fragments. From this basis, she generated material complexes with dense patterns in intense colours. In the interplay between the photographs and texts of Eva Ulm, a conceptual space unwound in which existential human and worldly themes could be explored. Sunhi Jaeger worked with paper produced from a mulberry tree in order to re-think jewellery as an artistic discipline. Her design principles are at the intersection between Eastern and Western culture. Tanja Schröder invited everyone to play together. Colourful figures and hanging sheets signalled: "Enter: People at play!"

Upon graduation, art students can begin a Meisterschüler study programme, which is designed for extraordinary students in the Art Faculty. A BURG professor appoints them to the Meisterschüler status in coordination with the Art Faculty. In recent years, the number of students who have graduated with a Meisterschüler degree has grown.

Take Off 2023 – Meisterschüler at BURG

Duration
15 July – 6 August 2023

Exhibition venue
Burg Gallery in the Volkspark, Schleifweg 8a, 06114 Halle (Saale)

Exhibitors
Tareq Alghamian, Charlotte Antony, Maja Behrmann, Carlo Leopold Broschewitz, Sunhi Jaeger, Lisa Marie Quester, Adrian Rötzscher, Hanna Sass, Tanja Schröder, Marlen Tennigkeit, Eva Ulm, Manuel Wagner, Axel Winter and Song Zhifeng

Curated by
Dr Jule Reuter, curator of Burg Gallery in the Volkspark, in collaboration with Flora Taubner and Leona Blum

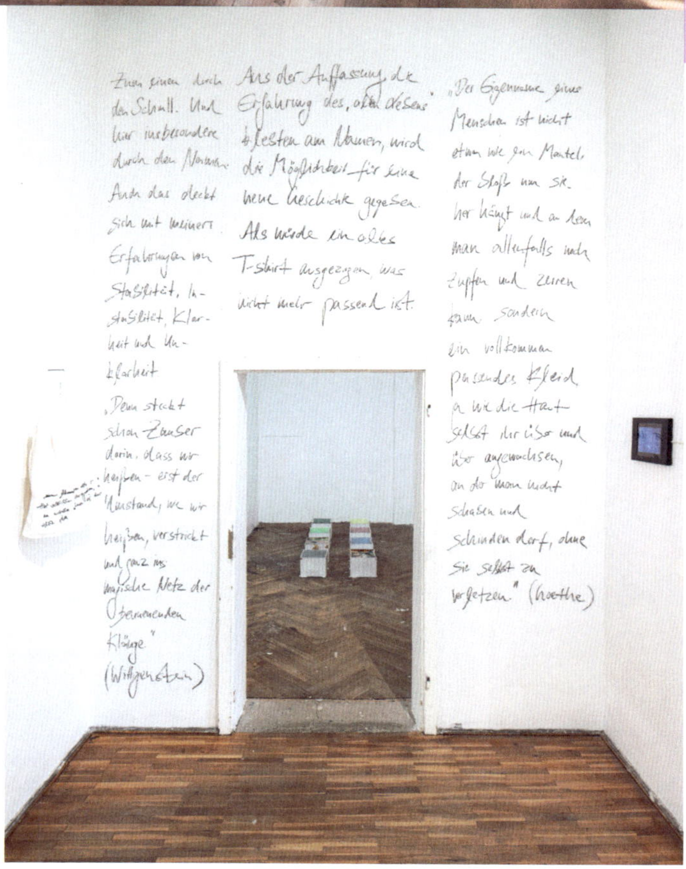

↑ Blick in die Ausstellung
Exhibition view

Take Off, 2023

→ *Call me by my name*
Lisa Marie Quester, 2022

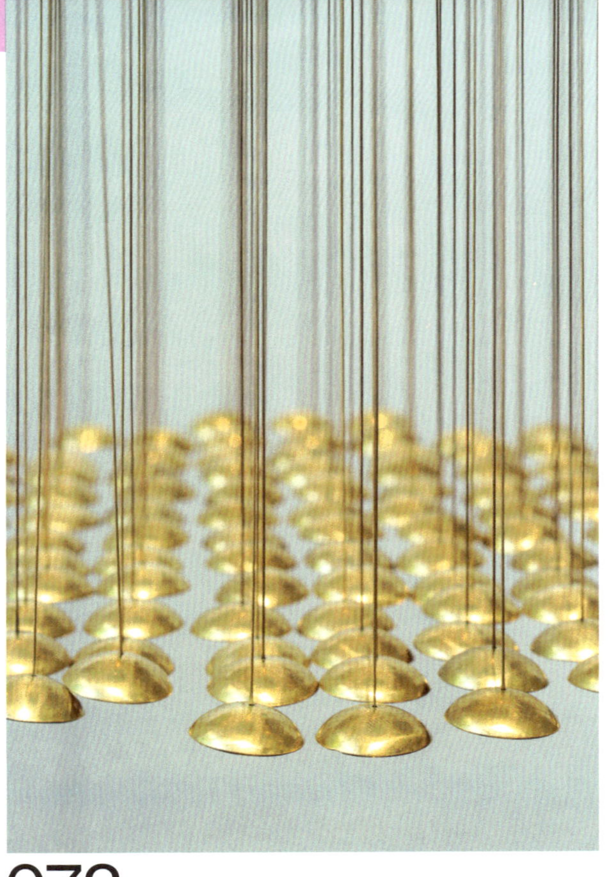

↑ Blick in die Ausstellung
Exhibition view

Take Off, 2023

→ *Geometrische Dynamik*
Tareq Alghamian, 2022

← *Die Steine ziehen Kreise*
Sunhi Jaeger, 2021/22

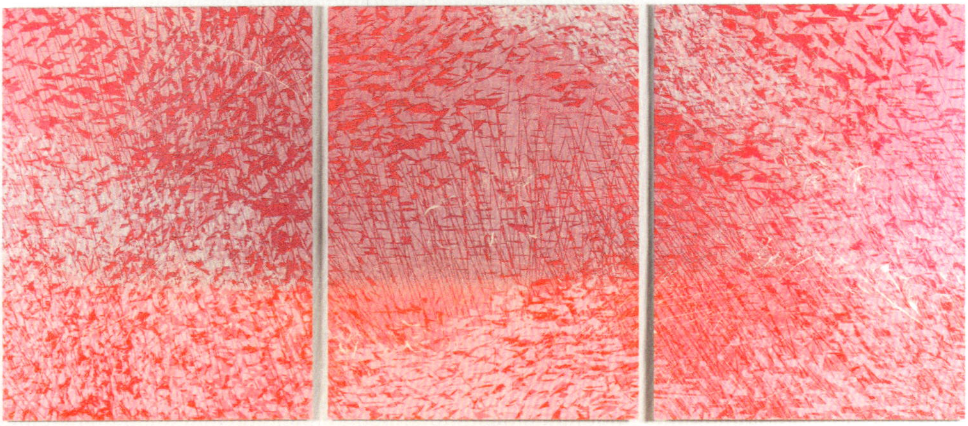

↑ *Spielwiese*
Tanja Schröder, 2023

↖ *Florentine fliegt*
Hanna Sass, 2021

→ *Tocq*
Manuel Wagner, 2022

← Blick in die Ausstellung
Exhibition view

Take Off, 2023

↑ Blick in die Ausstellung
Exhibition view

Take Off, 2023

→ *Shapes on a stick Nr. 2*
Axel Winter, 2022

← *Use your sense of balance – I have taken your last shape.*
Charlotte Antony, 2023

↑ *Rekristallisieren 1–3*
Song Zhifeng, 2022

↖ *Untitled Superposition*
Adrian Rötzscher, 2023

← *Enter the game, légiférer oder eine Frage der Haltung, dandelion at Night*
Carlo Leopold Broschewitz, 2022/23

Sommersemester 2023

Summer semester 2023

15.–16.07.

Jahresausstellung 2023

Annual Exhibition 2023

Jedes Jahr Mitte Juli öffnet die Burg Giebichenstein Kunsthochschule Halle ihre Türen und Tore für alle Besucher*innen und lädt an zwei Tagen an allen Standorten zum Besuch der Jahresausstellung ein. In den zu Ausstellungsräumen verwandelten Ateliers, Werkstätten und Seminarräumen der Hochschule und an anderen Orten in Halle zeigen Studierende Arbeiten aus den vergangenen zwei Semestern und geben Einblicke in die vielfältigen Schaffensprozesse an der BURG.

Die visuelle Gestaltung der Druck- und Onlinemedien zur Jahresausstellung 2023 wurde von den Kommunikationsdesign-Alumni Sarah Fricke, Lea Sievertsen und Pawel Wolowitsch vom Distaff Studio in Berlin konzipiert und umgesetzt.

Die Kampagne setzte auf sogenannte Alt-Texte (Alternativtexte), die in HTML-Codes eingebettet wurden, um ein Bild auf einer Website zu beschreiben. Dies diente unter anderem der Barrierefreiheit für seheingeschränkte Menschen, um auch ihnen Bildinhalte zugänglich zu machen. Das Grafikkonzept zur Jahresausstellung 2023 nutzte diese Logik, um Bilder in den Köpfen der Besucher*innen entstehen zu lassen. Die Idee basiert auf der Überzeugung, dass eine reduzierte visuelle Darstellung Raum für individuelle Interpretationen und Bilder schafft.

Every year in mid-July, Burg Giebichenstein University of Art and Design Halle opens its doors and gates to all visitors and invites them to visit the Annual Exhibition on two days at all locations. In the studios, workshops, seminar rooms of the university, which have been transformed into exhibition spaces, and at other locations in Halle, students show works from the past two semesters and provide insights into the diverse creative processes at BURG

The concept for the design of the print and online media for the 2023 Annual Exhibition was developed and implemented by communication design alumni Sarah Fricke, Lea Sievertsen and Pawel Wolowitsch from Distaff Studio in Berlin.

The campaign relied on alt texts (alternative texts), which were embedded in HTML codes to describe an image on a website. Among other things, this served the purpose of accessibility for visually impaired people in order to make image content accessible to them as well. The graphic concept for the 2023 annual exhibition used this logic to create images in the minds of visitors. The idea is based on the conviction that a reduced visual presentation creates space for individual interpretations and images.

Video zur Jahresausstellung 2023 /
Video of the Annual Exhibition 2023

[Die Gäste sind
gleichermaßen
fasziniert
und verwirrt.]

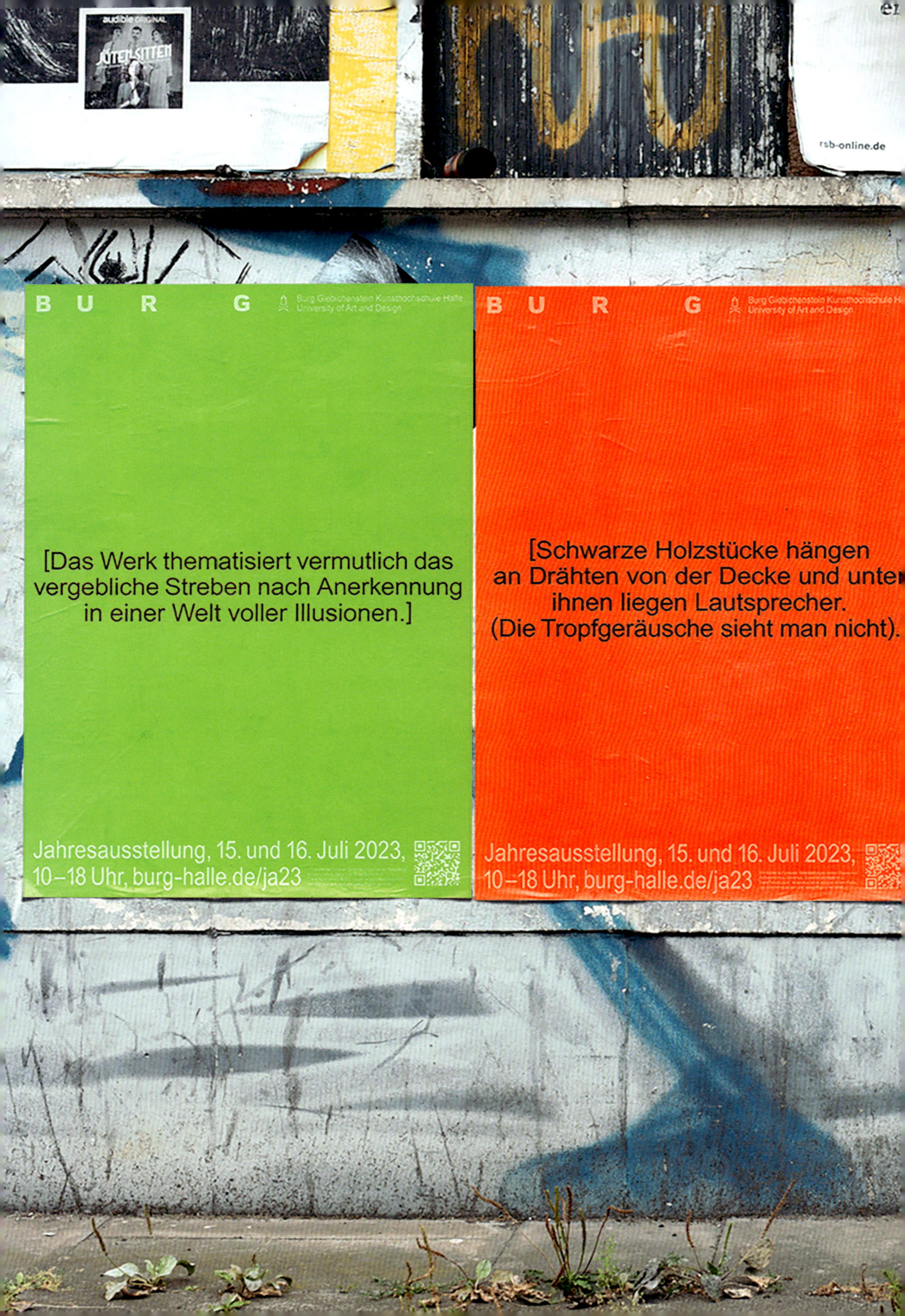
audible ORIGINAL
rsb-online.de
B U R G
Burg Giebichenstein Kunsthochschule Halle
University of Art and Design
[Das Werk thematisiert vermutlich das vergebliche Streben nach Anerkennung in einer Welt voller Illusionen.]
Jahresausstellung, 15. und 16. Juli 2023, 10–18 Uhr, burg-halle.de/ja23
B U R G
[Schwarze Holzstücke hängen an Drähten von der Decke und unte
ihnen liegen Lautsprecher.
(Die Tropfgeräusche sieht man nicht).
Jahresausstellung, 15. und 16. Juli 2023, 10–18 Uhr, burg-halle.de/ja23

Frauen Orte
1

whereismyhome?

Bermuda

01.08.

Statement zur gendersensiblen Sprache an der BURG

Die BURG kritisiert die Entscheidung des Bildungsministeriums des Landes Sachsen-Anhalt vom August 2023, die Genderschreibweise mit Sonderzeichen an Schulen des Landes offiziell zu verbieten.

Die BURG setzt sich weiterhin für eine inklusive Sprachkultur im Hochschulalltag ein, die die Vielfalt der Identitäten der Studierenden als auch der Lehrenden und Mitarbeitenden widerspiegeln soll. In der gendersensiblen Sprache wird ein wichtiger Beitrag zur Entfaltung von Chancengleichheit und zur Bekämpfung von Diskriminierung geleistet. Die Entscheidung des Bildungsministeriums wird von der BURG als Rückschritt in der Anerkennung und Wertschätzung von Geschlechtervielfalt betrachtet.

Statement on gender-sensitive language at BURG

BURG criticised the August 2023 decision of the Ministry of Eduaction of the State of Saxony-Anhalt to officially prohibit the use of special characters to express gender inclusivity in writing at all schools in the state.

BURG continues to be committed to an inclusive language culture aimed at reflecting the identities of the students, teachers, and employees in everyday university life. Gender-sensitive language makes an important contribution to the development of equal opportunities and combating discrimination. At BURG, the Ministry of Education's decision is considered a step backwards in the recognition and appreciation of gender diversity.

01.09.–08.10.

Absolvent*innen der BURG auf der German Design Graduates Show 2023

Elf Abschlussarbeiten von Absolvent*innen aus den Bereichen Produkt- und Industriedesign der BURG sind in der Ausstellung *Dare to Design* im Museum für Kunst und Gewerbe in Hamburg zu sehen. Gezeigt werden insgesamt 45 herausragende Positionen von Absolvent*innen der renommiertesten deutschen Design- und Kunsthochschulen.

BURG alumni at the German Design Graduates Show 2023

Eleven final works by alumni of the Product Design and Industrial Design study programmes at BURG were on view in the exhibition *Dare to Design* at the Museum für Kunst und Gewerbe Hamburg. A total of 45 outstanding works by alumni of the most highly esteemed German universities of design and art were presented.

02.–17.09.

Ausstellung *The Rising 8* in der Spinnerei Leipzig

Bereits zum sechsten Mal zeigt die BURG im Rahmen des Herbstrundgangs der Spinnerei Leipzig künstlerische Positionen von Absolvent*innen des Fachbereichs Kunst im UNTERGESCHOSS 14. Die acht Absolvent*innen aus dem Abschlussjahrgang 2022/23 wurden von einer internen Jury an der BURG ausgewählt, um einer breiteren Öffentlichkeit präsentiert zu werden. Die vielfältigen Werke, darunter Film, Malerei, Grafik, Fotografie, textile Künste, Skulptur und Installation, zeigen eine harmonische Verschmelzung poetischer, konzeptioneller und dokumentarischer Ansätze. Zusammen bildet die Schau eine Momentaufnahme aktueller künstlerischer Tendenzen.

Exhibition *The Rising 8* in Spinnerei Leipzig

As part of the sixth annual Autumn Gallery Tour organised by Spinnerei Leipzig, BURG showed works of art by graduates of the Art Faculty in UNTERGESCHOSS 14. An internal jury at BURG selected the works of eight alumni from the 2022/23 graduating class to be presented to the general public. The diverse works from the disciplines of film, painting, graphic art, photography, textile arts, sculpture and installation showed the harmonious merger of poetic, conceptual, and documentary approaches. Taken as a whole, the exhibition presented a snapshot of current artistic tendencies.

06.09.

4. Mitteldeutscher Innenausbautag im Designhaus der BURG

Unter dem Leitthema „Region" finden sich bereits zum vierten Mal Fachleute aus dem Bereich Innenausbau, Zuliefer*innen, Dienstleister*innen und Verbände im Designhaus Halle zusammen. Veranstaltet wird die Tagung vom Landesverband Tischler Sachsen-Anhalt in Kooperation mit dem Designhaus. Das Zusammenspiel zweier Partner*innen – einer Handwerksorganisa tion und einer Kunsthochschule – ist in dieser Form einmalig.

4. Mitteldeutscher Innenausbautag in the Designhaus at BURG

The guiding theme was "Region", and for the fourth time experts from interior construction, suppliers, service providers, and industry associations came together in Designhaus Halle. The conference was organised by Tischler Sachsen-Anhalt, the professional association of carpenters of the state of Saxony-Anhalt, in partnership with the Designhaus. This form of cooperation between a tradesman's organisation and a university of art and design is unique.

15.09.23.–14.08.24

Wort Schrift Zeichen – Arbeiten der Studienrichtung Buchkunst in Köln

Zum Thema der neuen Jahresausstellung *Wort Schrift Zeichen* des Kolumba, des Kunstmuseums des Erzbistums Köln, zeigen Studierende, Lehrende und Alumni Arbeiten, die einen besonderen Fokus auf Medien der Kommunikation haben und ihre Lesbarkeit bis an ihre Grenzen erforschen.

Writing and symbols – Works of the Book Art study programme in Cologne

The theme of the latest annual exhibition of Kolumba, the art museum of the archdiocese of Cologne, is Wort *Schrift Zeichen* (Writing and Symbols). BURG students, teachers and alumni showed works with a special focus on communications media and push the boundaries of their legibility.

DIE BURG
IN GEORGIEN
BURG IN
GEORGIA

17.09.–27.09.

Die BURG in Georgien – Der Aufbau einer Partnerschaft zwischen der Tbilisi State Academy of Arts und der BURG, Text von Prof. Dr. Nike Bätzner

Die Staatliche Akademie der Künste Tiflis residiert in einem historischen Palast. Ab 1850 von Kunsthandwerkern aus dem Iran für den Kaufmann Vardan Arshakuni erbaut, der jedoch nie einzog, nutzt die 1922 gegründete Akademie bis heute die opulenten eklektizistischen Räume. Schon hier, über Marmorböden gehend, durch spiegelnde Stalaktitengrotten zu Festsälen gelangend, die mit Girlanden und persischen Miniaturen geschmückt sind, wird man auf die äußerst reiche Kulturlandschaft Georgiens eingestimmt.

Seit 2017 standen wir mit der Staatlichen Akademie der Künste in Tbilisi in Kontakt. Ein Austausch würde auch deshalb besonders attraktiv sein, weil die Akademie über eine ähnliche Fächerstruktur verfügt wie die BURG. Nach ersten gegenseitigen Besuchen reisten wir endlich im September 2023 als Gruppe nach Georgien. Dabei waren 16 Studierende und vier Professor*innen der Studienrichtung Grafik, der Bildnerischen Grundlagen Fotografie, des Studiengangs Kunst (Lehramt) und des Master-Studiengangs Kunstwissenschaften sowie die Leiterin der Hochschulgalerie. Dem standen auf georgischer Seite 14 Studierende und vier Dozent*innen gegenüber, mit denen ein intensiver Austausch stattfand. Dabei besonders hervorzuheben ist Prof. Dr. Nino Tchogoshvili, mit der wir das gemeinsame Programm ausarbeiteten.

In Kleingruppen wurden unterschiedliche Interessen verfolgt. Die einen besuchten den Zoo, um sich mit den Themen Fremdheit und Exotisierung zu befassen. Andere steuerten gezielt herausragende Gebäude, zum Beispiel des Brutalismus, an und begaben sich auf die Suche nach besonderen Orten in Tbilisi. Mit Museumsbesuchen und Stadtspaziergängen zum Themenschwerpunkt Orientalismus und Okzidentalismus ließen sich neben den Hauptwegen auch umgebaute Karawansereien und verborgene Hinterhöfe

BURG in Georgia – Establishing a partnership between the Tbilisi State Academy of Arts and BURG, text by Prof. Dr Nike Bätzner

The Tbilisi State Academy of Arts is housed in a historical palace. Built by artisan craftsmen from Persia from 1850 for the merchant Vardan Arshakuni, who never actually lived in it, the academy has occupied the opulent, eclectic rooms since 1922. Crossing the marble floor and passing mirrored stalactite grottos to reach ballrooms decorated with garlands and Persian miniatures, visitors become attuned to the extremely rich cultural landscape of Georgia.

We have been in contact with the State Academy of Arts in Tbilisi since 2017. The idea of an exchange was particularly attractive, as the specialism structure of the Academy is similar to that of BURG. After the first mutual visits, we finally travelled to Georgia as a group in September 2023. Our group comprised 16 students and four professors from the Graphic Arts and Foundations of Art/Photography specialisms, the Art (teaching degree) study programme and the Art Sciences master's programme, as well as the head of the university gallery. We were met by 14 students and four teachers on the Georgian side, with whom we had an intensive exchange. A shout-out to Prof. Dr Nino Tchogoshvili, with whom we developed the joint programme.

We pursued a range of interests in small groups. One group visited the zoo in order to examine the topics of foreignness. Others targeted outstanding buildings, for example by Brutalist architects, and set out to find special places in Tbilisi. On museum visits and city walks focussing on orientalism and occidentalism, it was possible to explore converted caravanserai (roadside inns) and hidden inner courtyards, along with the high streets. On excursions, the group climbed around the fortress and cave city Uplistsikhe to the west of Tbilisi. Ateni Sioni Church, an early 7th century building renovated in the 10th century, impressed us with its isolated location

erkunden. Auf Ausflügen kletterte die Gruppe durch die Festungs- und Höhlenstadt Uplisziche im Westen von Tbilisi. Die Sioni-Kirche von Ateni aus dem 7. bis 10. Jahrhundert beeindruckte durch ihren abgeschiedenen Standort und ihre Fresken. Im Garten der Art Villa Garikula, einem unabhängigen Kunstzentrum mit Residency-Programm in ländlicher Umgebung, trafen wir uns zu Diskussion und Picknick. Wir durchstreiften mit einer lokalen Künstler*innengruppe Rustavi, Georgiens größten, 30 Kilometer von der Hauptstadt entfernten Industriestandort. Im dort angesiedelten Düngemittelwerk wurden exemplarisch Verbindungen zur deutsch-deutschen Geschichte deutlich, da das Werk von deutschen Kriegsgefangenen aufgebaut wurde und die ersten Maschinen aus Leuna stammten. Bei all dem interessierten Fragen der historischen Entwicklung ebenso wie die aktuellen Auswirkungen der Globalisierung.

Je morgens oder abends fanden sich die Gruppen zum Austausch zusammen, wurden die Tagesabläufe abgestimmt, konnten gruppenübergreifende Vorhaben besprochen werden. Wichtig waren vor allem auch die Einblicke, die sich bei Gesprächen bei und zwischen den Programmpunkten ergaben, wodurch über die Zeit ein vertrautes und freundschaftliches Verhältnis entstand.

Perspektivisch ist eine langfristige Kooperation zwischen der BURG und der State Academy angestrebt.

Prof. Dr. Nike Bätzner ist Professorin für Kunstgeschichte im Fachbereich Kunst.

and dynamic frescoes. In the garden of Art Villa Garikula, an independent art centre in rural surroundings with a residency programme, we met for discussion and a picnic. With the local artists' group Rustavi, the largest in Georgia, we hiked through an industrial site located around 30 km from the capital. In a fertiliser factory there, connections to the history of divided Germany were highlighted: the factory was built by German prisoners of war and the first machines came from Leuna, the "chemical industry capital" of East Germany. Everyone was interested in issues around historical development and the current effects of globalisation.

In the morning or in the evening, groups gathered for conversation, coordinated the daily agenda, and discussed cross-group plans. Above all, the insights resulting from conversations during and among the programme topics were important. Over time, they gave rise to a familiar, friendly relationship.

In the long term, we aim to establish a partnership between BURG and the State Academy.

Prof. Dr Nike Bätzner is Art History professor in the Art Faculty.

Beteiligte seitens der BURG:
Prof. Dr. Nike Bätzner
Kunstwissenschaften
Prof. Philip Gaißer
Grundlagen Fotografie
Prof. Dr. Sara Burkhardt
Kunstpädagogik und Dekanin
Fachbereich Kunst
Prof. Paul McDevitt
Grafik
Dr. Jule Reuter
Leiterin der Burg Galerie
im Volkspark

Die Studierenden
Paula Barth
(Grafik)
Berit Bührmann
(MA Kunstwissenschaften)
Vinzenz Damm
(MA Kunstwissenschaften)
Rahel Gebhardt
(Kunst (Lehramt))
David Gholipour Ghaladari
(Grafik),
Marius Florian Hess
(Bildhauerei/Figur)
Luise von Cossart
(Malerei/Glas)
Louisa Kollhoff
(MA Kunstwissenschaften)
Elise Möller
(MA Kunstwissenschaften)
Anastasia Patapkina
(MA Kunstwissenschaften)
Susann Richter
(Bildhauerei/Figur)
Clara Schilke
(Kunst (Lehramt))
Emil Schönert
(Malerei/Glas)
Diana Sedova
(Grafik),
Alison Shea
(MA Kunstwissenschaften)
Nino Tsimakuridze
(Bildhauerei/Figur)

Beteiligte seitens der Tbilisi State
Academy of Arts:
Prof. Dr. Nino Tchogoshvili
Kunstgeschichte, Vize-Dekanin der
Fakultät für Kunstgeschichte und
Restaurierung
Prof. Baia Sikharulidze
Zeichnung
Lana Karaia
Leiterin der Hochschulgalerie
und des Museums
Davit Koroshinadze
Mitarbeiter Hochschulgalerie
Wato Tsereteli
Leiter Center for Contemporary
Art; 14 Studierende aus den Fachgebieten BA und MA Kunstwissenschaften/Restaurierung, Grafik,
Fotografie, Animation, Mode

Participants from BURG:
Prof. Dr Nike Bätzner
Art Sciences
Prof. Philip Gaißer
Art Fundamentals/Photography
Prof. Dr Sara Burkhardt
Art Pedagogy and the dean
of the Art Faculty
Prof. Paul McDevitt
Drawing and Printmaking
Dr Jule Reuter
head of Burg Gallery at Volkspark

The students
Paula Barth
(Graphic Arts)
Berit Bührmann
(MA Art Sciences)
Vinzenz Damm
(MA Art Sciences)
Rahel Gebhardt
(Art (teaching degree))
David Gholipour Ghaladari
(Graphic Arts)
Marius Florian Hess
(Figure Sculpture)
Luise von Cossart
(Painting/Glass)
Louisa Kollhoff
(MA Art Sciences)
Elise Möller
(MA Art Sciences)
Anastasia Patapkina
(MA Art Sciences)
Susann Richter
(Figure Sculpture)
Clara Schilke
(Art (teaching degree))
Emil Schönert
(Painting/Glass)
Diana Sedova
(Drawing and Printmaking)
Alison Shea
(MA Art Sciences)
Nino Tsimakuridze
(Figure Sculpture)

Participants from the Tbilisi State
Academy of Arts:
Prof. Dr Nino Tchogoshvili
Art History, Vice Dean of the
Faculty for Art History and
Restoration
Prof. Baia Sikharulidze
Drawing
Lana Karaia
head of the university gallery
and museum
Davit Koroshinadze
university gallery assistant
Wato Tsereteli
head of the Center for Contemporary Art; 14 students from the BA
and MA programmes Art History
and Restoration, Graphic Arts,
Photography, Animation, and
Fashion

↑ Im/*In the* Center of Contemporary Art Tbilisi

↖ In Tbilisi auf den Spuren des Orientalismus
On the trail of Orientalism in Tbilisi

← In der/In the Tbilisi State Academy of Arts

→ Spiegelkabinett im historischen Teil der Akademie,
Mirror Cabinet in the historic part of the academy

25.–29.09.

Burg Herbstsession 2023 – Session in Motion

Das Studium *Digitale*, die *BurgLabs* und das Designhaus Halle organisieren Kurse, einen Vortrag und eine Filmvorführung während der vorlesungsfreien Zeit. Studierende erhalten damit die Möglichkeit, experimentelle Formate außerhalb des Lehrplans zu entdecken.

Burg autumn session 2023 – Session in motion

Studium *Digitale*, the *BurgLabs*, and Designhaus Halle organised courses, a lecture, and a film screening during the semester break. This gave students the opportunity to discover experimental formats outside the university curriculum.

30.09.

Die BURG unter den TOP 20 der Hochschulen im Erasmus-Jahresbericht 2022 des DAAD

Der Deutsche Akademische Austauschdienst (DAAD) veröffentlicht seinen Erasmus-Jahresbericht 2022: Das Ranking hält die Gesamtanzahl der Studierenden, die über das Förderprogramm im Ausland waren, fest. Unter den insgesamt 350 deutschen Hochschulen, die am Erasmus-Programm teilnehmen, belegt die BURG den 15. Platz mit insgesamt 68 geförderten Studierenden (48 Studienaufenthalte an Partnerhochschulen und 20 Praktika) im Projektzeitraum 2022, woraus sich ein Anteil an den Gesamtstudierenden von 5,8 % ergibt.

BURG is among the Top 20 universities in the 2022 Erasmus annual report

The German Academic Exchange Service (DAAD) published its 2022 Erasmus annual report. The ranking records the total number of students who studied at foreign universities through the funding programme. Among the 350 German universities that participate in the Erasmus programme, BURG took 15th place with a total of 68 supported students (48 study visits to partner universities and 20 internships) in the 2022 project period, yielding a proportion of 5.8 % of the total student population.

06.–07.10.

LICHT. Fachtag Kunst an der BURG

Das praxisorientierte Fortbildungsangebot für Kunstlehrer*innen und Referendar*innen unterschiedlicher Schulformen steht auch Studierenden und Gästen offen. In Workshops werden Möglichkeiten eines experimentellen Umgangs mit Licht in verschiedenen medialen Formaten erprobt. Gemeinsame Reflexionen sollen dabei helfen, konkrete Ideen für die Integration in den Unterricht zu entwickeln.

LIGHT. Art symposium at BURG

Students and their guests are also welcome at the practice-orientated continuing education programme for art teachers and student teachers at different types of schools. The workshop participants had the opportunity to experiment with light in a range of medial formats. Group discussions aimed to help participants develop detailed ideas for integrating light into their teaching.

10.10.

Auftakt in das neue Studienjahr

Die Rektorin, Prof. Bettina Erzgräber, und die Prorektor*innen Prof. Tilo Baumgärtel, Prof. Dr. Veronica Biermann und Prof. Matthias Görlich heißen gemeinsam mit der Kanzlerin Linda Baasch die Studierenden sowie die Kolleg*innen im Kleinen Saal des Volksparks willkommen.

Kick-off to the new academic year

Together with Chancellor Linda Baasch, Prof. Bettina Erzgräber, the rector, and Prof. Tilo Baumgärtel, Prof. Dr Veronica Biermann, and Prof. Matthias Görlich, the prorectors, greeted their colleagues and the BURG students in the small assembly room of the Volkspark.

11.10.–12.11.

Do You Dream At All?–Ausstellungsreihe ABC zum Thema T für Traum

Innerhalb der Ausstellungsreihe *ABC* wurde ein Open Call für Studierende und Alumni der BURG zum Thema „T für Traum“ ausgeschrieben. Die daraus konzipierte Ausstellung *Do You Dream At All?* umfasst Positionen aus Kunst und Design, die sich dem Traum in seiner Vieldeutigkeit widmen. Ein breites Feld an Assoziationen und Auslegungen ist dabei möglich: Der Traum wird in seinen positiven Seiten als Utopie beleuchtet, aber auch im Negativen als Spiegel von Trauma und Ängsten verstanden. Der Traum liefert nicht nur aus persönlicher Sicht Inspiration für den künstlerischen Prozess, sondern bietet schließlich auch auf sozialer und politischer Ebene Anhaltspunkte zur Gestaltung von Gegenwart und Zukunft.

Do You Dream At All?–ABC exhibition series around “T für Traum”

As part of the ABC exhibition series, an open call was sent out to BURG students and alumni on the topic of “T für Traum” (D as in dream). The resulting exhibition, *Do You Dream At All?*, comprised works from the Art and Design Faculties devoted to dreams and their ambiguity. A wide range of associations and interpretations are possible: in terms of the positive aspects, a parallel was drawn between dreams and utopia. On the flip side, they can be understood as a mirror of trauma and fears. Dreams provide inspiration for the artistic process from a personal viewpoint and at the social and political levels, they also offer reference points for shaping the present and future.

15.–17.10.

Burg Kostprobe 2023–Intensive Einblicke in Kunst und Design

Mit Workshops, Erkundungen und Gesprächen mit Studierenden und Lehrenden wird Studieninteressierten die Möglichkeit gegeben, in das Kunst- und Designstudium an der BURG „reinzuschnuppern“.

Burg Kostprobe 2023–In-depth insights into Art and Design

In workshops, explorations, and talks with students and teachers, potential students had the opportunity to find out more about studying art and design at BURG.

19.10.

Collectif Grapain erhält Gustav-Weidanz-Preis 2023

In diesem Jahr wurde das Collectif Grapain, ein Künstler*innenduo, bestehend aus den in Hannover lebenden Geschwistern Arnaud und Maëva Grapain, mit dem jährlich durch die BURG verliehenen Nachwuchsförderpreis der Sparte Bildhauerei ausgezeichnet. Neben einem Preisgeld von 2.500 Euro wird den Gewinner*innen des Gustav-Weidanz-Preises für Plastik auch eine Kabinettausstellung im Kunstmuseum Moritzburg Halle (Saale) gewidmet. Eine weitere Förderung stellt die Möglichkeit dar, in der Kunstgießerei Strassacker eine Arbeit mit einer finanziellen Unterstützung von 1.000 Euro zu realisieren.

Collectif Grapain received the 2023 Gustav Weidanz Award

This year Collectif Grapain, the artist duo comprising the siblings Arnaud and Maëva Grapain from Hanover, was honoured with the annual young talents award for sculpture from BURG. Alongside prize money of €2,500, the Gustav Weidanz Award for Sculpture enables the winners to mount a small-scale exhibition in Kunstmuseum Moritzburg Halle (Saale). Another opportunity is a grant of €1,000 that goes to realising a work in the Kunstgießerei Strassacker art foundry.

20.–22.10.

Die BURG auf der Grassimesse 2023

14 Alumni und Studierende aus den Fachbereichen Kunst und Design präsentieren Unikate und Serienarbeiten aus unterschiedlichen Bereichen: Schmuck, Mode, Textildesign, Glas, Porzellan, Produktdesign/Keramik- und Glasdesign sind auf der Grassimesse am Burg-Stand zu finden. Der Studiengang der Innenarchitektur der BURG widmet sich in den *Specials* der Messe dem nachhaltigen Plattenwerkstoff Funderplan, der im Sommersemester 2023 in einem Entwurfsprojekt erforscht wurde.

BURG at Grassimesse 2023

Fourteen alumni and students from the Art and Design Faculties presented unique works and works in series from a range of disciplines: jewellery, fashion, textile design, glass, porcelain, product design/ceramics and glass design were available in the BURG booth at Grassimesse. The Interior Architecture study programme at BURG devoted the trade fair *Specials* to the sustainable panel material Funderplan, which was explored in a design project in summer semester 2023.

24.10.

Jour Fixe: NEUE WERKZEUGE, NEUE ZEITEN – Vortrag des spanischen Architekten Ricardo Orts

Jour Fixe: NEUE WERKZEUGE, NEUE ZEITEN – Talk by the Spanish architect Ricardo Orts

Der spanische Architekt und Gründer von ULISES Studio teilt seine Erfahrungen mit der Erforschung innovativer Werkzeuge im Bereich Machine Learning und bespricht Möglichkeiten, Künstliche Intelligenz und Social Media in die täglichen Arbeitsabläufe im Studium einzubeziehen.

The architect and founder of ULISES Studio in Spain shared his experiences with exploring innovative tools in the discipline of machine learning and talked about opportunities for integrate artificial intelligence and social media into the daily workflow at university.

25.–29.10.

Die BURG auf dem Silbersalz Festival 2023

BURG at the 2023 Silbersalz Festival

Im Rahmen des Silbersalz Science & Media Festivals, das sich Fragen der Nachhaltigkeit widmet, sind Burg-Studierende der Innenarchitektur, das Designhaus Halle und der Burgshop im ehemaligen Galeria Kaufhof am Markt in Halle (Saale) vertreten. Die Innenarchitektur zeigt das Projekt RESTEFEST zur Nutzung des Kaufhofs, das Designhaus bespielt eine Ausstellungsfläche von 200 Quadratmetern. Im Burgshop sind außergewöhnliche Kunst- und Designobjekte zu entdecken.

As part of the Silbersalz Science & Media Festival devoted to the issues around sustainability, Interior Architecture students at Burg, Designhaus Halle, and the Burgshop in the former Galeria Kaufhof department store on the market square in Halle (Saale) were represented. Interior Architecture exhibited the project RESTEFEST on the utilisation of the building and Designhaus filled a 200 m² exhibition area. Unusual art and design objects were available in the Burgshop.

26.10.

Hilfsroboter *Tory* bereichert die Burg Bibliothek

The robot *Tory* helps out in the Burg library

Die Burg Bibliothek am Campus Design geht mit der Einführung eines Inventurroboters einen bedeutsamen Schritt in Richtung Innovation und Effizienz. Der Hilfsroboter *Tory* wird bereits seit einigen Monaten auf seine Funktionalität geprüft und wird noch in diesem Jahr die Mitarbeiter*innen der Burg Bibliothek unterstützen.

The Burg library on the Design Campus took a significant step towards innovation and efficiency when it implemented an inventory robot. *Tory* the robot underwent a functionality test several months before starting to work in the library, where he will support the staff.

27.10.–14.12.

Die Buchkunst an der Bauhaus-Universität Weimar

Book Art at Bauhaus-Universität Weimar

Innerhalb eines internen Wettbewerbs erhielten die Studierenden der Buchkunst die Möglichkeit, eine Neuinterpretation der seltenen historischen Druckbögen von Walt Whitmans Gedichtzyklus *Songs of Myself* zu entwerfen. Die Wettbewerbsergebnisse sind in der Bibliothek der Bauhaus-Universität Weimar zusehen.

As part of an internal competition, the students in the Book Art study programme had the opportunity to design a reinterpretation of the rare historical print sheet of Walt Whitman's poem cycle *Songs of Myself*. The results of the competition are on view in the library of Bauhaus-Universität Weimar.

06.11.

Vortragsreihe: *Erzählte Textilgeschichte*

Die neue Vortragsreihe aus dem Textildesign beschäftigt sich mit der Kulturgeschichte von Textilien. Ihr erster Gast, Dr. Birgit Haase, Professorin für Kunst- und Modegeschichte/Modetheorie an der Hochschule für Angewandte Wissenschaften in Hamburg, hält einen Vortrag über die vielschichtigen technischen, wirtschaftlichen, kulturellen und gesellschaftlichen Implikationen synthetischer Farbstoffe in historischer Damenmode. Über die Erzählung über und von Textilien bieten wir in der Vortragsreihe ein breites Spektrum unterschiedlicher Impulse durch Stoffe und deren Anwendung vom Mittelalter bis in den digitalen Raum.

Lecture series: *Erzählte Textilgeschichte*

The new lecture series from the Textile Design study programme revolves around the cultural history of textiles. The first guest lecturer was Dr Birgit Haase, professor for art and fashion history/fashion theory at the Hamburg University of Applied Sciences. She talked about the multi-faceted technical, economic, cultural, and societal implications of synthetic dyes on historical womenswear. In talking about textiles in the lecture series, we are offering inspiration to a wide audience based on fabrics and their use from the Middle Ages to the digital era.

07.11.

Jour Fixe: CopWatch Leipzig zu Gast

Die linken Aktivist*innen der Gruppe CopWatch Leipzig sind zu Besuch im Jour Fixe. Im Gespräch diskutieren sie, wie Modedesign als künstlerischer Ausdruck politische Missstände in der Gesellschaft aufgreifen kann.

Jour Fixe: CopWatch Leipzig visits BURG

The left-wing activists of the group CopWatch Leipzig visited us for the Jour Fixe. In their talk they discussed how fashion designers can address political shortcomings in society as an expression of their art.

08.11.

Symposium *future fever* der BurgLabs

Das von den BurgLabs und dem Projekt *The Insect Project* an der BURG organisierte Symposium beschäftigt sich mit Fragen der Anpassungsfähigkeit und Krisenresilienz von Produkten, Materialien, Lieferketten und Systemen angesichts aktueller und zukünftiger Krisen.

Symposium *future fever* by *BurgLabs*

The symposium organised by *BurgLabs* and the project *The Insect Project* at BURG dealt with products, materials, supply chains, and systems with regard to issues of adaptability and resilience to crises in view of current and future crises.

GIEBICHENSTEIN DESIGNPREIS DESIGNPRIZE

Ausgezeichnete Arbeiten aus dem Fachbereich Design

Outstanding works from the Design Faculty

09.11.–10.12.

GiebichenStein Designpreis 2023
Ausgezeichnete Arbeiten aus dem Fachbereich Design

GiebichenStein Design Prize 2023
Outstanding works from the Design Faculty

Die Burg Giebichenstein Kunsthochschule Halle schrieb 2023 zum zwölften Mal den GiebichenStein Designpreis aus. Er verfolgt das Ziel, die Debatte über Arbeiten zu intensivieren und den Dialog über und das Beziehen von Positionen zu fördern. Die Arbeiten eines Studienjahres des Fachbereichs Design konnten nominiert werden, diesmal 21 Arbeiten und Projekte aus über 100 Positionen in vier verschiedenen Kategorien. Alle nominierten und ausgezeichneten Arbeiten waren in der Kunststiftung des Landes Sachsen-Anhalt vom 9. November bis 10. Dezember 2023 zu sehen. Die Ausstellung erlaubte einen Einblick in neueste Designkonzepte, innovative Materialien und experimentelle Projekte.

Mit einer Trophäe aus rotem Porphyr, dem Gestein des Felsens, auf dem die Burg Giebichenstein über der Saale thront, wurden Entwürfe in fünf Kategorien prämiert. Der Freundes- und Förderkreis der BURG dotiert jeden der fünf GiebichenSteine mit je 500 Euro.

Die Trophäe erhielt in der Kategorie „Beste Idee/Bestes Konzept“ Judith Burgard (Industriedesign) für die Arbeit *Instant*. In der Kategorie „Beste Kommunikation“ überzeugte Giulia Cabassi (Visual Strategies and Stories) mit *take my breath away*. Für die Arbeit *Biotic Boot* nahm Friedrich Gerlach (Industrial Design) einen GiebichenStein in der Kategorie „Interessantestes Experiment“ entgegen. Ausgezeichnet in der Kategorie „Engagiertestes Anliegen“ wurde Lilian Walters (Design of Playing and Learning) mit *Geschichten begegnen*. An Lilian Walters wurde ebenfalls der „GiebichenStein der Freunde“ des Freundes- und Förderkreises der Hochschule für die Arbeit *Geschichten begegnen* vergeben.

Im Rahmen des GiebichenStein Designpreises wurden drei weitere Sonderpreise vergeben. Den von der culturtraeger GmbH aus Leipzig gestifteten Grassi

Burg Giebichenstein University of Art and Design Halle tendered the GiebichenStein Design Prize for the 12th time in 2023. The award aims to intensify the debate around works and encourage a dialogue about approaches and taking a position. The works from one academic year in the Design Faculty were eligible for nomination; this time, 21 works and projects from more than 100 approaches in four different categories. All the nominated and prize-winning works were on view in the Saxony-Anhalt Arts Foundation from 9 November through 10 December 2023. The exhibition provided insights into the latest design concepts, innovative materials, and experimental projects.

Designs in five categories received a trophy made of red porphyry, the stone of the massif upon which Burg Giebichenstein sits, overlooking the Saale River. Each of the five GiebichenStein trophies is endowed with €500 by the Friends and Patrons of BURG.

In the category “Best idea/Best concept”, Judith Burgard (Industrial Design) received the trophy for the work *Instant*. Giulia Cabassi (Visual Strategies and Stories) impressed the jury with *take my breath away* in the “Best Communication” category. For the work *Biotic Boot*, Friedrich Gerlach (Industrial Design) received a GiebichenStein in the category “Most interesting experiment”. Lilian Walters (Design of Playing and Learning) accepted a trophy in the category “Most socially committed” for the work *Geschichten begegnen*. And Lilian Walters received the “Friends’ GiebichenStein of the Friends and Patrons of the university” for the work *Geschichten begegnen* as well.

As part of the GiebichenStein Design Prize, three additional special awards were conferred. In 2023, the work *ABOUT SLAG – TRANSFORMING POSTNATURAL MATERIAL* by Max Greiner (Industrial Design) received the Grassi Young Talents

Nachwuchspreis erhielt 2023 die Arbeit *ABOUT SLAG – TRANSFORMING POST-NATURAL MATERIAL* von Max Greiner (Industriedesign). Die Arbeit wurde von culturtraeger angekauft und in die Sammlung des Grassi Museums Leipzig aufgenommen.

Das Stadtmuseum Halle wählte die Arbeit *BühnenBuild* von Hanna Gintrowski (Spiel- und Lerndesign) aus und präsentiert sie für ein Jahr in der ständigen Ausstellung.

Die Kunststiftung des Landes Sachsen-Anhalt vergab in diesem Jahr zwei Preise, zum einen an Miriam Hantzko (Mode) für ihre Arbeit *Drinnen ist Draußen – Narrative von Haftentlassenen* und zum anderen an Judith Burgard (Industriedesign) für ihre Arbeit *Instant*.

An der Ausschreibung konnten Studierende aus dem Fachbereich Design mit Projekten und Arbeiten teilnehmen, die im Studienjahr 2022/23 entstanden sind. Die Vorauswahl zur Nominierung trafen hochschulinterne Auswahlkommissionen, zu deren Mitgliedern neben Professor*innen und Mitarbeiter*innen Studierende zählen. Alle prämierten und nominierten Arbeiten werden dokumentiert und fotografisch in das Hochschularchiv aufgenommen.

Jury der GiebichenStein
Designpreisträger*innen 2023

Alexandra Baum (Modedesignerin, Geschäftsführung Texlock GmbH, Leipzig), Julia Lodes (Innenarchitektin, Studio Urquiola, Mailand), Pia Pötting (Designerin, Pötting Information Design, Berlin), Petra Stephan (Chefredakteurin AIT-Magazin, Leinfelden-Echterdingen)

Ausstellung
GiebichenStein Designpreis 2023

Ausstellungsdauer
9. November bis 10. Dezember 2023

Ausstellungsort
Kunststiftung des Landes Sachsen-Anhalt, Neuwerk 11, 06108 Halle (Saale)

Kuratiert von Anne Kaden, Künstlerische Mitarbeiterin im Dekanat Design

Award donated by culturtraeger GmbH from Leipzig. The work was purchased by culturtraeger and acquired by the collection of the Grassi Museums Leipzig.

Stadtmuseum Halle selected *Bühnen Build* by Hanna Gintrowski (Design of Playing and Learning) and is showing the work in its permanent exhibition for one year.

This year, the Saxony-Anhalt Arts Foundation conferred two awards, one on Miriam Hantzko (Fashion) for her work *Drinnen ist Draußen – Narrative von Haftentlassenen* (Inside is outside – Narratives by ex-prisoners) and the other on Judith Burgard (Industrial Design) for her work *Instant*.

Students in the Design Faculty were able to participate in the call for applications with projects and works that were created in academic year 2022/23. The preselection for the nomination was made by internal university juries whose members comprise professors, employees, and students. All of the award-winning and nominated works were documented and accepted into the university archive as photographs.

Jury of the GiebichenStein
Design Prize winners 2023

Alexandra Baum (fashion designer, CEO Texlock GmbH, Leipzig), Julia Lodes (interior designer, Studio Urquiola, Milan), Pia Pötting (designer, Pötting Information Design, Berlin), Petra Stephan (editor-in-chief AIT, Leinfelden-Echterdingen)

Exhibition
GiebichenStein Design Prize 2023

Exhibition duration
9 November – 10 December 2023

Exhibition venue
Saxony-Anhalt Arts Foundation, Neuwerk 11, 06108 Halle (Saale)

Curated by Anne Kaden, Artistic assistant in the Design Faculty

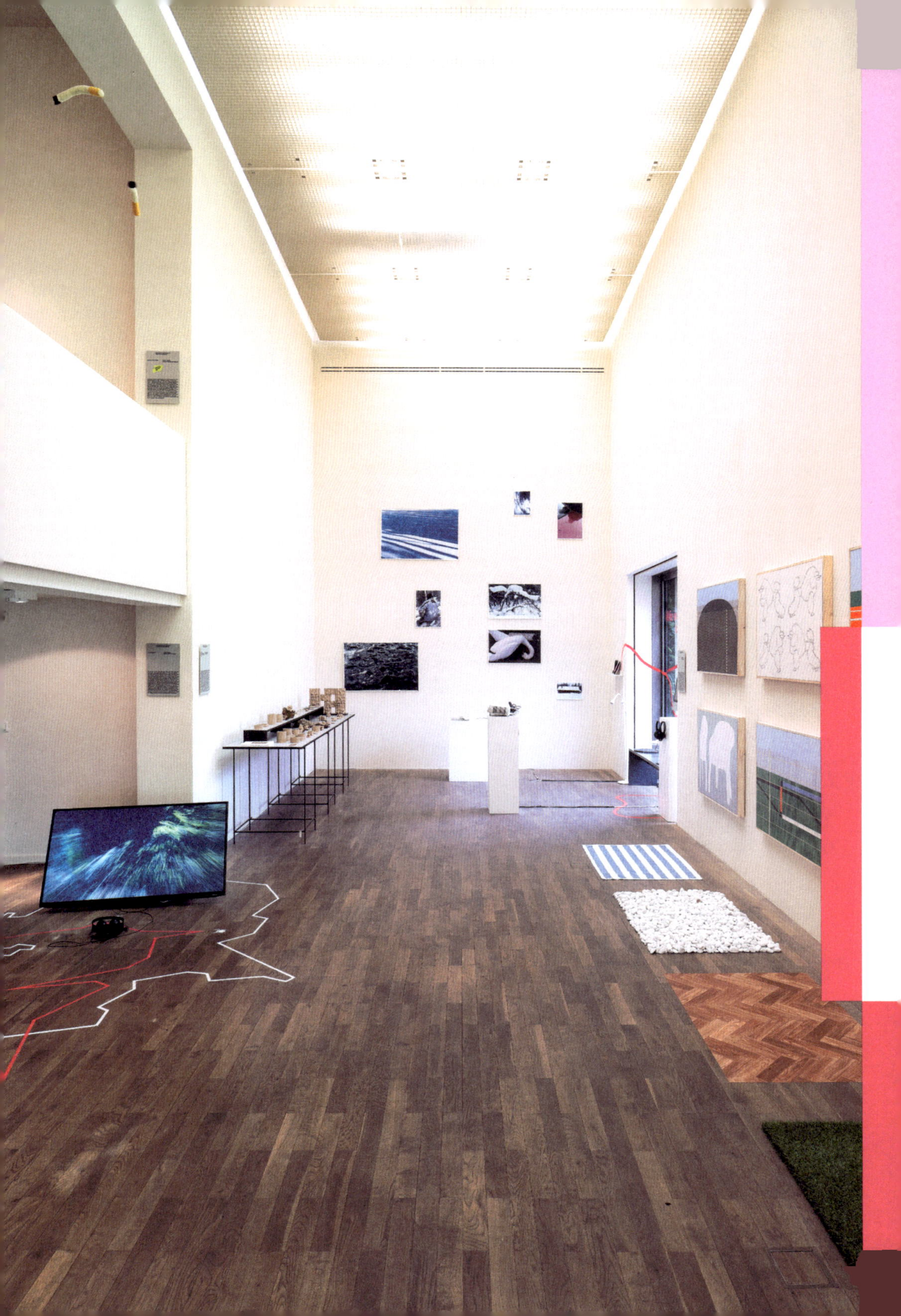

Beste Idee/Bestes Konzept und Sonderpreis der Kunststiftung des Landes Sachsen-Anhalt

Instant ist eine Möbelserie von Judith Burgard, die mit Hilfe von kochendem Wasser aufgebaut werden kann. Das Ausgangsmaterial der Arbeit ist ein neuer Plattenwerkstoff, der zu frischen Ideen einlädt und Möglichkeiten eröffnet. Er ist zu 100 Prozent natürlich und verwendet das holzeigene Lignin als Bindemittel. Ziel war, das Potenzial des Materials zu erforschen. Die Schnittmuster der Steckmöbel werden aus einer Holzfaserplatte gefräst. Durch das Eingießen von kochendem Wasser in gesetzte Vertiefungen wird der Werkstoff temporär biegsam. Nach dem Trocknen und Abkühlen erreicht er wieder die gleiche Stabilität wie zuvor. Das Möbel kann durch diese Beschaffenheit flach und platzsparend geliefert und vor Ort in Form gebracht werden. Burgards Serie macht deutlich, wie mit innovativen, nachhaltigen und organischen Materialien ein ansprechendes und zeitgemäßes Möbeldesign entwickelt werden kann. Exemplarisch erscheint die Instant-Serie als Stuhl, Sessel, Tisch und Garderobe.

Preisträgerin
Judith Burgard
Instant

Anerkennungen
Eric Geißler, Suhyun Kim, Raphael Rustige, Ricarda Theresa Schultze

Auswahlkommission
Vertr.-Prof. Robert Laser (Vorsitz), Prof. Matthias Zänsler, Julius Abromeit, Susann Paduch

Sonderpreis der Kunststiftung des Landes Sachsen-Anhalt
Judith Burgard mit *Instant* und Miriam Hantzko mit *Drinnen ist Draußen – Narrative von Haftentlassenen* (→ S. 126)

Auswahlkommission
Manon Bursian (Stiftungsdirektorin der Kunststiftung des Landes Sachsen-Anhalt)

Best idea/Best concept And Special award of the Saxony-Anhalt Arts Foundation

Instant is a furniture series by Judith Burgard that can be set up with the assistance of boiling water. The point of departure for the work is a new material: a panel material that inspires fresh ideas and opens up new possibilities. It is 100 per cent natural and uses lignin, a wood polymer, as a binding agent. Her aim was to research the material's potential. The pattern for the slot furniture was milled from a fibreboard panel. When boiling water is poured into pre-planned depressions, the material temporarily becomes pliable. After drying and cooling down, it has the same stability as before. Thanks to this quality, the furniture can be packaged flat and compact, and bent into shape upon delivery. Burgard's series demonstrates how appealing, contemporary furniture design can be developed with innovative, sustainable and organic materials. The *Instant* series contains a sample chair, armchair, table, and wardrobe.

Winner
Judith Burgard
Instant

Honourable mentions
Eric Geißler, Suhyun Kim, Raphael Rustige, Ricarda Theresa Schultze

Jury
Deputy Prof. Robert Laser (Chair)
Prof. Matthias Zänsler, Julius Abromeit, Susann Paduch

Special award of the Saxony-Anhalt Arts Foundation
Judith Burgard with *Instant* und Miriam Hantzko with *Drinnen ist Draußen – Narrative von Haftentlassenen* (→ p.126)

Selection committee
Manon Bursian (Director of the Saxony-Anhalt Arts Foundation)

↘→ *INSTANT*
Judith Burgard, 2023

Beste Kommunikation

Zigaretten dienen vielen Menschen nicht nur als kommerzielles Produkt, sondern begleiten sie auch in verschiedenen Lebenssituationen – sei es in herausfordernden oder in weniger anspruchsvollen Momenten des Alltags. Sie helfen uns vermeintlich in stressigen Situationen oder bei Erfolgserlebnissen: Wir rauchen nach dem Essen, beim Autofahren, beim Warten oder aus Langeweile, denn scheinbar kann man sich auf sie verlassen. Aber wenn man das Rauchen als Allzweckmittel zur Bewältigung von Stresssituationen verwendet, merkt man spätestens, wenn man damit aufhören möchte, wie man sich selbst konditioniert hat. Die Entwöhnung ist ein harter und oft langer Weg, der sehr häufig in einem Rückfall endet. In der Publikation von Giulia Cabassi wird der Dualismus zwischen Hass und Liebe zum Rauchen als Reflexion über Kampf und Sucht beobachtet und analysiert.

Preisträgerin
Giulia Cabassi
take my breath away

Anerkennungen
Lore Elstermann, Hanna Gintrowski, Luisa Keintzel, Hyelim Kim, Mara Niederprüm

Auswahlkommission
Prof. Georg Barber (Vorsitz), Prof. Miriam Amelung, Teresa Falkenhagen, Heike Hertwig, Elfi Rosenbaum

Best communication

Cigarettes are more than a useful commercial product to many people. They accompany them in many situations that life presents – be it in the more challenging or less significant moments of everyday life. We think they help us in stressful situations and reach for them when we are experiencing success: we smoke after meals, when driving or waiting, and we smoke out of boredom. After all, it seems like we can rely on cigarettes. But when people use smoking as a silver bullet for mastering stress situations, they usually realise how they have become conditioned to them when they try to stop at the latest. Withdrawal is a hard road and often a long one, and the process very often ends in relapse. In the publication by Giulia Cabassi, she observes and analyses the dualism between hating smoking and loving it as a reflection on struggle and addiction.

Winner
Giulia Cabassi
take my breath away

Honourable mentions
Lore Elstermann, Hanna Gintrowski, Luisa Keintzel, Hyelim Kim, Mara Niederprüm

Jury
Prof. Georg Barber (Chair), Prof. Miriam Amelung, Teresa Falkenhagen, Heike Hertwig, Elfi Rosenbaum

↑↗→ *take my breath away*
Giulia Cabassi, 2023

Engagiertestes Anliegen und GiebichenStein der Freunde

Erzählte Geschichten gewähren einen Einblick in die Vergangenheit und ermöglichen es uns, andere Welten und Perspektiven zu verstehen, indem sie uns mitfühlen lassen. Im Stadtraum von Halle wurden von Lilian Walters QR-Codes auf Fliesen an verschiedenen Orten platziert. Diese Codes führen zu kurzen Audio-Stories, in denen ältere Menschen durchaus sehr persönliche Erinnerungen und Geschichten aus ihrer Kindheit und Jugend erzählen. Diese Erzählungen spielen zwischen 1944 und 1961 an den Orten in Halle, an denen die QR-Codes zu finden sind. Mit diesem Projekt soll Kindern und Jugendlichen ab zehn Jahren gezeigt werden, wie ihre Altersgenoss∗innen früher am gleichen Ort gelebt haben. Das Vermittlungsprojekt weckt auf spielerische Art das Interesse, selbstständig weiter zu recherchieren, in den Austausch zu treten und einen Bezug zum eigenen Leben herzustellen. Die Geschichten sind allen interessierten Altersgruppen öffentlich zugänglich. Der Walk besteht aus 21 Hörstationen mit Fliesen, einer dazugehörigen Webseite und einer analogen Stadtkarte.

Preisträgerin
Lilian Walters
Geschichten begegnen

Anerkennungen
Lorenz Bohlmann, Yuna Byun, Seifeldeen Elfouly, Daniel Kobert, Lara Liske, Gregor Simon, Marie Teigler, Katja Ulbrich, Luka Vonderau, Johanna Wendel, Lena Würsching, Miriam Hantzko, Yasmin Möller, Victoria Woywodt

Auswahlkommission
Prof. Jonas Hansen (Vorsitz Engagiertestes Anliegen), Vertr.-Prof. Jana Reddemann, Elke Brettschneider, Andreas Wagner, Jacobo Cuesta Wolf

GiebichenStein Auswahlkommission
Dr. Sven Seeger, Dirk Neumann, Hartmut Kiesel, Axel Hesse, Astrid Beier, Nathalie Hebbering (Stura)

Most socially committed and Friends' GiebichenStein

Stories that are told provide insight into the past and help us to understand other worlds and perspectives by activating our empathy. Lilian Walters attached QR codes to tiles at different places around Halle's inner city. The codes lead to short audio stories in which older people tell stories and recount very personal memories from their childhood and youth. The stories take place between 1944 and 1961 at the places in Halle where the QR codes are located. Through the project, children and teens over 10 find out how people of their own age used to live at the same location. In a playful way, the educational project arouses listeners' interest in conducting further research, entering into an exchange, and creating a relationship with their own life. The stories are publicly available to all interested age groups. The accompanying walk comprises 21 listening stations with tiles, a related website and an analogue city map.

Winner
Lilian Walters
Encountering stories

Honourable mentions
Lorenz Bohlmann, Yuna Byun, Seifeldeen Elfouly, Daniel Kobert, Lara Liske, Gregor Simon, Marie Teigler, Katja Ulbrich, Luka Vonderau, Johanna Wendel, Lena Würsching, Miriam Hantzko, Yasmin Möller, Victoria Woywodt

Jury
Prof. Jonas Hansen (Chair), Deputy Prof. Jana Reddemann, Elke Brettschneider, Andreas Wagner, Jacobo Cuesta Wolf

GiebichenStein Jury
Dr. Sven Seeger, Dirk Neumann, Hartmut Kiesel, Axel Hesse, Astrid Beier, Nathalie Hebbering (Student Council)

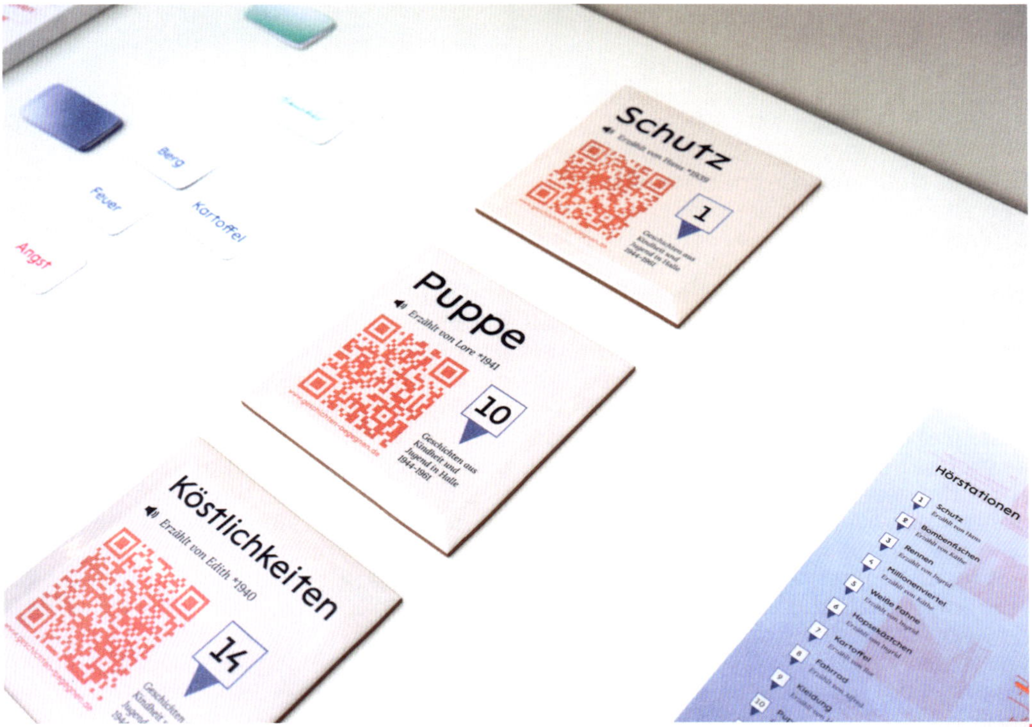

↑→ *Geschichten begegnen*
Lilian Walters, 2023

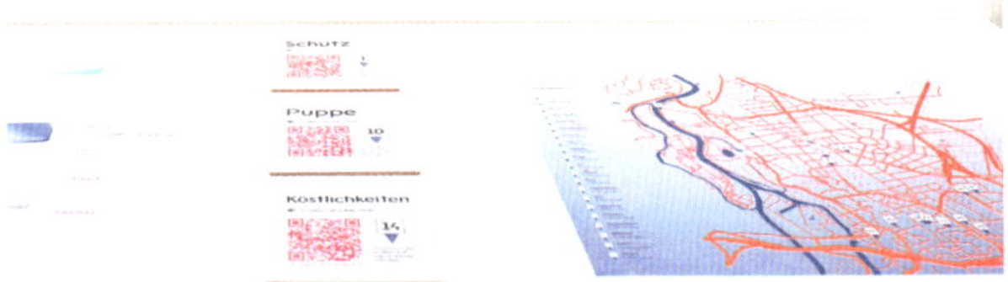

Grassi Nachwuchspreis

Schlacke ist ein komplexes mineralisches Sekundärprodukt. Mit *ABOUT SLAG – TRANSFORMING POSTNATURAL MATERIAL* stellt Max Greiner Ansätze für einen alternativen Umgang mit Hochofenschlacke vor, indem das Material in Form von Glasmasse und Metallbeschichtung in handwerkliche und industrielle Kontexte übertragen wird. Objekthafte Materialbeispiele zeigen die Potenziale einer Umnutzung von Schlacke in verschiedenen Verfahren auf – Emaillieren, Glasblasen und Glass Casting. Seine Experimente erlauben es darüber nachzudenken, wie Rohstoffe zukünftig gewonnen, verwendet und wahrgenommen werden. Ziel war, Konzepte zu entwickeln, die Schlacke für Nachhaltigkeit nutzbar machen. Üblicherweise wird Hochofenschlacke Beton, Asphalt und Zement zugesetzt und ersetzt so Sand und Klinker. *ABOUT SLAG* entwirft eine Vision, in der Hüttensand, also feingranulierte Hochofenschlacke, in Form von Glas und Metallbeschichtungen gestalterisch kontrollierbar und kreislauffähig wird. Im Interesse der Ressourcenschonung und des Naturschutzes bietet sich ein Einsatz der Hüttenschlacke an. Damit können enorme Mengen CO^2 eingespart, der Schmelzprozess durch diverse chemische Reaktionen unterstützt und andere glastechnisch relevante Chemikalien kostengünstig substituiert werden.

Preisträger
Max Greiner
ABOUT SLAG – TRANSFORMING POSTNATURAL MATERIAL

Auswahlkommission
Silvia Gaetti (Kuratorin Asiatische Sammlungen, Grassi Museum für Angewandte Kunst, Leipzig), Michael Berninger (culturtraeger GmbH), Josua Roters (Gewinner des Grassi Nachwuchspreises 2022)

Gestiftet von culturtraeger GmbH

Grassi Young Talents Award

Slag is a complex mineral by-product. In *ABOUT SLAG – TRANSFORMING POSTNATURAL MATERIAL*, Max Greiner presents approaches for dealing with blast furnace slags in alternative way by transferring the material to artisan and industrial contexts in the form of glass matrices and metal coating. Object-like material samples demonstrate the potential of reusing slags in various processes, including enamelling, glassblowing, and glass casting. His experiments inspire us to think about how raw materials will be extracted, used and perceived in future. The aim was to develop concepts that make slags usable for sustainability. Normally, blast furnace slags are added to concrete, asphalt, and cement as replacements for sand and clinker brick. *ABOUT SLAG* designs a vision in which finely granulated blast furnace slag (sand slag) has become a controllable, recyclable design material in the form of glass and metal coatings. In the interest of resource conservation and environmental protection, it is possible to utilise sand slag. This would save huge amounts of carbon, can support the smelting process with a variety of chemical reactions, and inexpensively replace chemicals relevant to glass-making.

Winner
Max Greiner
ABOUT SLAG – TRANSFORMING POSTNATURAL MATERIAL

Jury
Silvia Gaetti (Curator Asian Art, Grassi Museum of Applied Arts, Leipzig), Michael Berninger (culturtraeger GmbH), Josua Roters (winner of the 2022 Grassi Young Talents Award)

Donated by culturtraeger GmbH

↑↘→ *ABOUT SLAG*
Max Greiner, 2023

Interessantestes Experiment

Friedrich Gerlach untersucht mit *Biotic Boot*, wie Bakterienzellulose zur Herstellung von Alltagsgegenständen genutzt werden kann. Dieses Material entsteht durch spezielle Bakterien, die Zucker in Zellulose umwandeln. Der Zucker kann beispielsweise aus Abfällen der Lebensmittelproduktion gewonnen werden. Zwischen Flüssigkeit und Luft bilden sich Schichten, die zu Ledersatz weiterverarbeitet werden können. Die Herausforderung ist, einen Biofilm in 3D wachsen zu lassen. Dafür befeuchtet eine Maschine alle 20 Minuten steril die Oberfläche der Form, sodass die Bakterien dort ihren Biofilm auf einer 3D-Oberfläche bilden. Dies ermöglicht es, gedruckte Formteile umwachsen und dreidimensionale Produkte ohne Naht oder umfangreiche manuelle Nachbearbeitungen, um zum Beispiel Nähte zu beseitigen, erstellen zu lassen. Als ideales Testobjekt diente ein Schuh. Schuhe wurden früher individuell und seriell in fachkundiger und oft aufwendiger Handarbeit hergestellt und werden heute als standardisiertes Massenprodukt produziert.

Preisträger
Friedrich Gerlach
Biotic Boot

Anerkennungen
Kim Cordes, Max Greiner, Sulamith Gutwein, Oscar Emanuel Patzschke, Marianne Sellmaier

Auswahlkommission
Prof. Mareike Gast (Vorsitz), Prof. Thomas Hawranke, Tony Beyer, Felix Marofke

Most interesting experiment

In *Biotic Boot*, Friedrich Gerlach examines how bacterial cellulose can be used to produce everyday objects. Special bacteria that convert sugar into cellulose create the material. The sugar can be extracted from the waste generated by food production, for example. Layers that can be further processed to make a type of imitation leather form between the liquid and the air. The challenge is to have a biofilm grow in 3D. To do this, every 20 minutes a machine wets the surface of the 3D form in a sterile procedure, and the bacteria can create their biofilm on the surface. This makes it possible for the biofilm to grow around printed moulded parts, creating three-dimensional products without any seams or complex manual finishing processes like seam removal, for example. A shoe proved to be the ideal test object. Shoes used to be produced individually and in series with professional and often complex craftsmanship, but today they are a standardised, mass-produced product.

Winner
Friedrich Gerlach
Biotic Boot

Honourable mentions
Kim Cordes, Max Greiner, Sulamith Gutwein, Oscar Emanuel Patzschke, Marianne Sellmaier

Jury
Prof. Mareike Gast (Chair), Prof. Thomas Hawranke, Tony Beyer, Felix Marofke

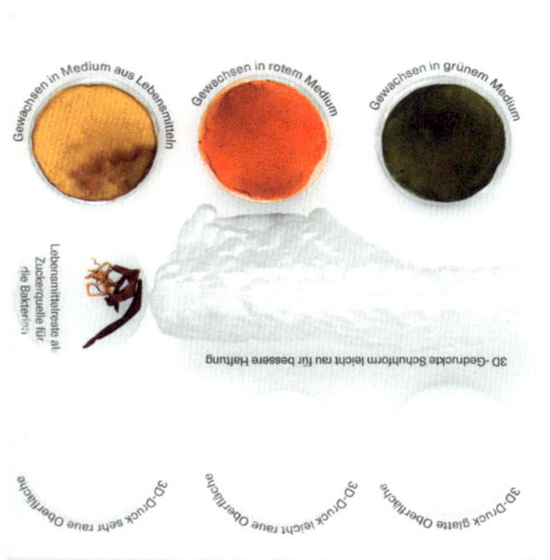

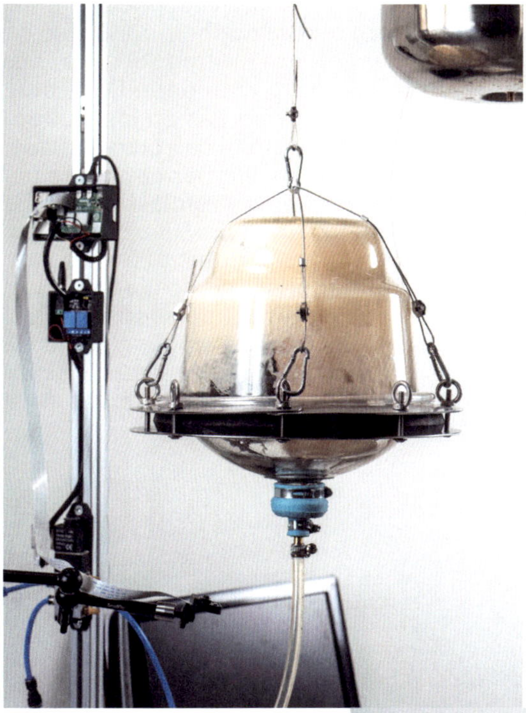

↑↗→ *Biotic Boot*
Friedrich Gerlach, 2023

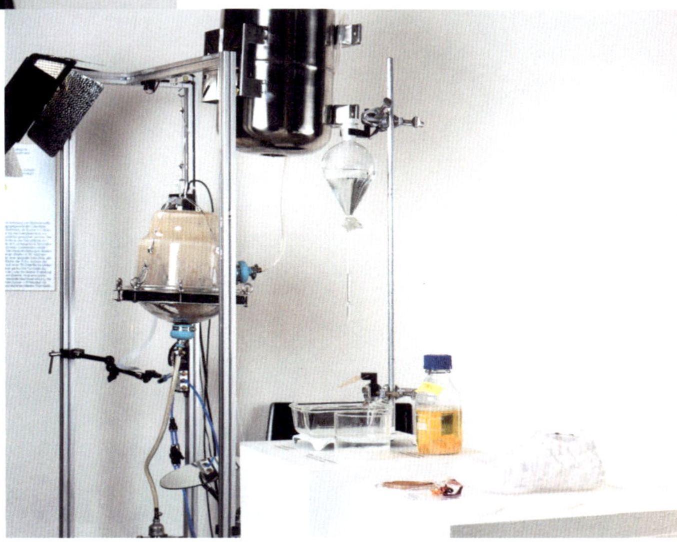

Sonderpreis der Kunststiftung des Landes Sachsen-Anhalt

(Mehrfachauszeichnung, siehe Judith Burgard S. 116)

Die Arbeit von Miriam Hantzko *Drinnen ist Draußen – Narrative von Haftentlassenen* beschäftigt sich mit dem deutschen Justizvollzug sowie mit dem Spannungsfeld von drinnen und draußen aus der Perspektive früherer Inhaftierter. Ehemalige Gefangene berichten in Interviews und mit Fotografien von ihren Vorstellungen von Freiheit, die in eine theoretische Arbeit mit Definitionen und Konzepten der Institution Gefängnis eingebettet sind. Textile Artefakte illustrieren ausgewählte Aspekte und regen als partizipative Elemente zum Mitdenken und Mitgestalten an. Außerdem setzte sich Hantzko mit dem Design von Häftlingskleidung in deutschen Justizvollzugsanstalten auseinander. Im Rahmen des Designprozesses äußerten sich ehemalige Inhaftierte über ihre Erlebnisse und ihre Zeit im Gefängnis. Dabei entstanden Entwürfe für eine Anstaltskleidung der Zukunft, die auf die Bedürfnisse und Erfahrungen der Häftlinge eingeht und ihnen bei der Resozialisierung helfen soll.

Preisträgerinnen
Miriam Hantzko
Drinnen ist Draußen – Narrative von Haftentlassenen und
Judith Burgard
Instant
(→ S. 116)

Auswahlkommission
Manon Bursian (Stiftungsdirektorin der Kunststiftung des Landes Sachsen-Anhalt)

Special award of the Saxony-Anhalt Arts Foundation

(multiple win, see Judith Burgard p. 116)

The work of Miriam Hantzko, (*Inside is outside – Narratives) by ex-prisoners*, examines Germany's law enforcement authorities and the polar opposites of inside and outside from the perspective of former prisoners. In interviews and with photographs, ex-prisoners report on their concepts of freedom, which are embedded in a theoretical work along with definitions and concepts of the prison as an institution. Textile artefacts illustrate selected aspects and as participative elements, inspire us, too, to think and design. Hantzko also took a look at the design of prisoner's clothing in German prisons. As part of the design process, former prisoners told about their experiences and their time in prison. This led to designs for prison clothing of the future that responds to the needs and experiences of the prisoners and aims to support their re-socialisation.

Winners
Miriam Hantzko
Drinnen ist Draußen – Narrative von Haftentlassenen and
Judith Burgard
Instant
(→ p. 116)

Selection committee
Manon Bursian (Director of the Saxony-Anhalt Arts Foundation)

↑↓→ *Drinnen ist Drausen –*
Narrative von Haftentlassenen
Miriam Hantzko, 2023

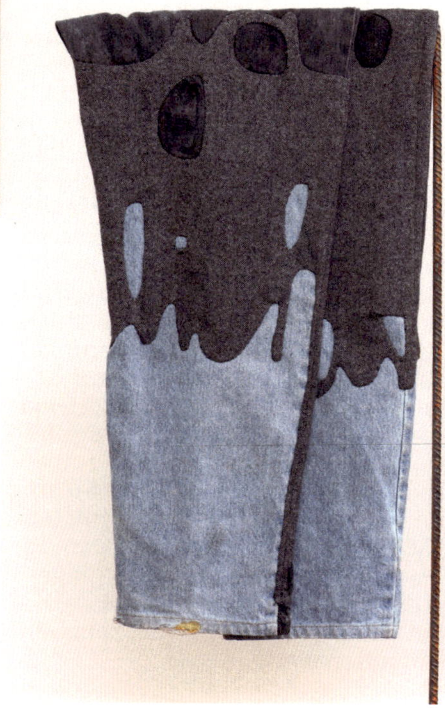

Sonderpreis des Stadtmuseums Halle

Hanna Gintrowskis *BühnenBuild* erhielt den Sonderpreis des Stadtmuseums Halle. Die Arbeit ist ein Aufbau-Set aus verschiedenen Stoffen und Gurten, mit dem schnell und einfach eine mobile Bühne aufgebaut werden kann – egal, ob draußen zwischen zwei Bäumen im Garten, im Park, auf dem Spielplatz oder zwischen Straßenlaternen im urbanen Raum. Kreidestifte bieten die Möglichkeit, ein Bühnenbild zu malen. Der Transportkoffer kann durch Zubehör verwandelt und gleichfalls für die Aufführung genutzt werden, für ein Theaterstück, für Artistik oder ein Konzert. *BühnenBuild* kann bei Veranstaltungen wie Nachbarschaftsfesten, Straßentheaterfestivals und Workshops Menschen zusammenbringen, Neugierde fördern und zur aktiven Teilnahme ermutigen. Alle Altersgruppen können so an einem Ort mit einfachen Mitteln und ganz flexibel alle möglichen Formen von Vorstellungen planen und durchführen. Die einfache Handhabung lädt gleichermaßen zum Zuschauen und Mitmachen ein.

Preisträgerin
Hanna Gintrowski
BühnenBuild

Auswahlkommission
Jane Unger, Direktorin des Stadtmuseums Halle

Special award of Stadtmuseum Halle

Hanna Gintrowski's *BühnenBuild* received the Special award of Stadtmuseum Halle. Her work is a construction kit comprising various fabrics and straps that can be used to quickly and easily set up a mobile stage – be it outdoors in a backyard between two trees, in a park, at a playground or between street lights in the urban environment. Chalk offers an option to draw scene designs. Accessories can transform the carrying case such that it can also be used in the piece – for a play, acrobatics or a concert. *BühnenBuild* can bring people together, arouse curiosity, and encourage active participation at events like neighbourhood parties, street theatre festivals, and workshops. With it, all age groups can plan and carry out all possible forms of presentations at such places with simple means and maximum flexibility. The stage's easy handling invites those in attendance to both watch and lend a hand.

Winner
Hanna Gintrowski
BühnenBuild

Selection committee
Jane Unger, Director of Stadtmuseum Halle

↑↓→ *BühnenBuild*
Hanna Gintrowski, 2023

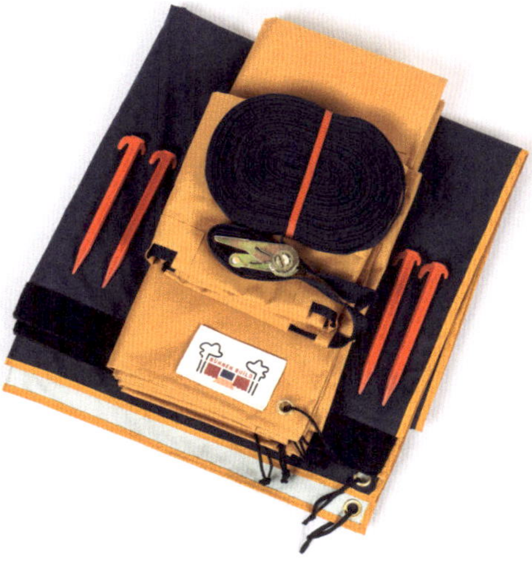

← Label für die nominier Arbeiten/Label for the nominated projects, Design: Melanie Hau und/and Tobias Strur

↓↘→ Blick in die Ausstellur Exhibition view, Giebichenstein Designpreis 2023

Wie wollen wir
konsultieren?

Wir kooperieren mit sozialpolitisch aktiven Initiativen
und Netzwerken, um gemeinsam Projekte zu real-
isieren. Unsere Schwerpunkte liegen auf Themen
wie Migration, Menschenrechte, Erinnerungskultur
und politischer sowie gesellschaftlicher Verantwor-
ssiert dabei besonders die Rolle von
Kontext.
losgelöst von gesellschaftlichen
nie nur oberflächlich. Alles
st, hat Auswirkung auf unsere Umwelt.
relevant. Design ist politisch.

15.11.

Jour Fixe: Mille Maria Dalsgaard zu Gast

Auf Einladung der Rektorin der BURG, Prof. Bettina Erzgräber, spricht die neue Intendantin des „neues theater Halle“, Mille Maria Dalsgaard, über die Weiterentwicklung des Theaterwesens im 21. Jahrhundert in Halle (Saale).

17.–26.11.

Studienrichtung Malerei präsentiert die Ausstellung *Rover* im MARS Frankfurt am Main

17 Studierende zeigen Gemeinschaftsarbeiten, die in Anlehnung an die Technik des *Cadavre exquis*, einer surrealistischen Schreib- und Zeichentechnik, entstanden sind. Die Studierenden der Malereiklasse von Prof. Tilo Baumgärtel und Marie-Thérèse Rink haben sich dabei auf fremdes Terrain begeben, um neuen (Ausstellungs-)Raum zu erobern.

Jour Fixe: Mille Maria Dalsgaard visits BURG

Mille Maria Dalsgaard is the new artistic director of neues theater Halle. The rector of BURG, Prof. Bettina Erzgräber, invited her to speak about the further development of the world of theatre in Halle (Saale) in the 21st century.

The Painting study programme presented the exhibition *Rover* in MARS Frankfurt am Main

Seventeen students showed collaborative works that they created based on the exquisite corpse technique, derived from a surrealist writing and drawing game. The students in the painting class of Prof. Tilo Baumgärtel and Marie-Thérèse Rink entered foreign territory in order to open up a new (exhibition) space.

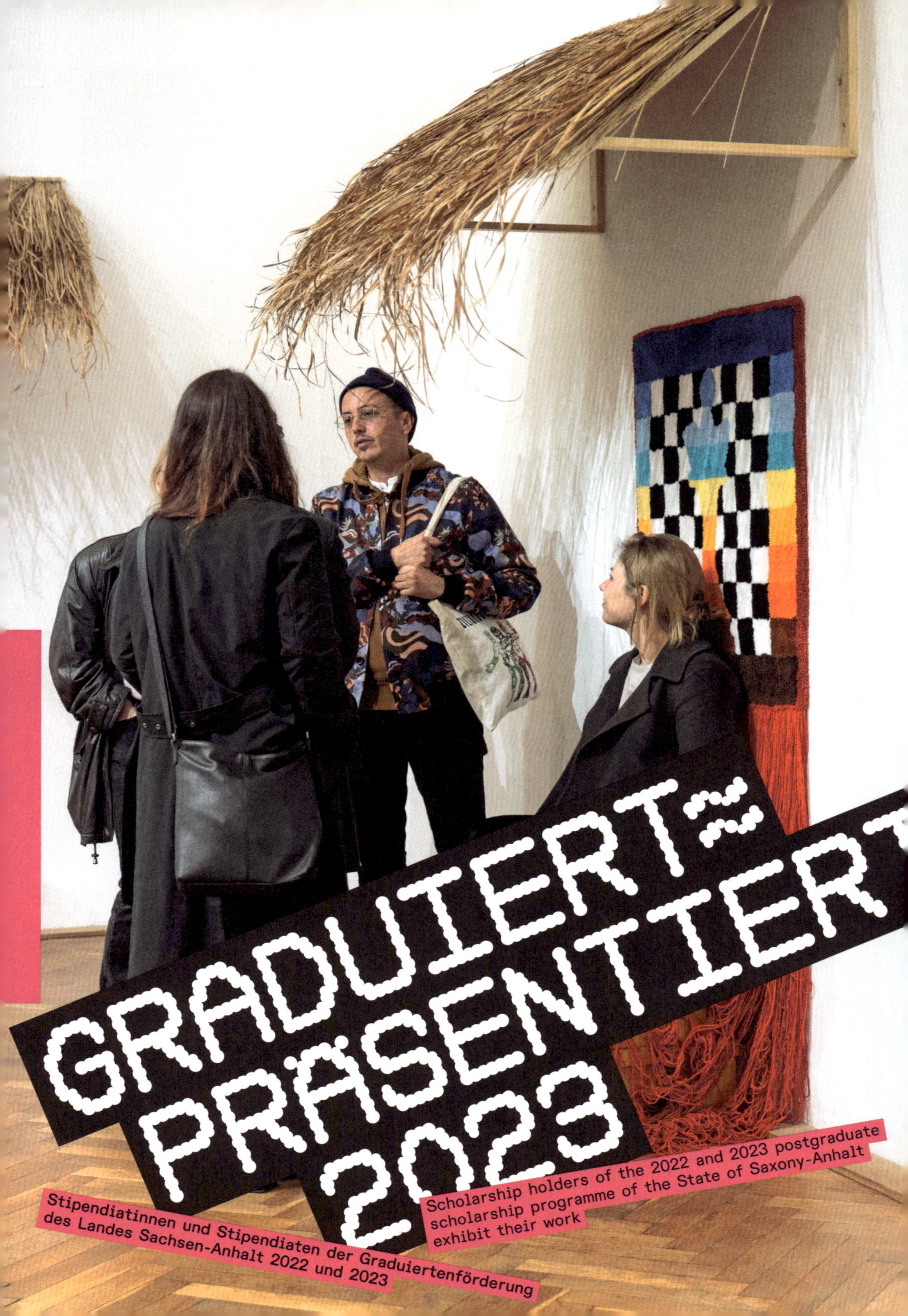
GRADUIERT—
PRÄSENTIERT
2023
Stipendiatinnen und Stipendiaten der Graduiertenförderung
des Landes Sachsen-Anhalt 2022 und 2023
Scholarship holders of the 2022 and 2023 postgraduate
scholarship programme of the State of Saxony-Anhalt
exhibit their work

23.11.–11.01.

graduiert≈präsentiert 2023 – Stipendiat*innen der Graduiertenförderung des Landes Sachsen-Anhalt 2022 und 2023

Neun junge Künstler*innen und Designer*innen, die an der BURG studiert haben, wurden durch die Burg Giebichenstein Kunsthochschule Halle im Rahmen des Graduiertenförderprogramms des Landes Sachsen-Anhalt für den künstlerischen und wissenschaftlichen Nachwuchs 2022 und 2023 gefördert. Das Stipendium ermöglichte es ihnen, während dieses Zeitraums finanziell weitgehend abgesichert und im Austausch mit der Hochschule einen neuen Werkkomplex zu entwickeln. Die abschließende Ausstellung ist ein wichtiger Baustein der umfangreichen und in den letzten Jahren stetig intensivierten Absolvent*innenförderung an der BURG.

Eine finanzielle Unterstützung erhielten Thomas Brück (Zeitbasierte Künste), Pia vom Ende (Textile Künste), Felicitas Fäßler (Bild, Raum, Objekt, Glas), Magdalena Orland (Conceptual Textile Design), Miriam Reihl (Interior Architecture), Heike Rinde (Buchkunst), Lea Rohde (Schmuck), Jorge Sánchez Di Bello (Bild Raum, Objekt, Glas) und Jakob Schreiter (Bild, Raum, Objekt, Glas).

Vom 23. November 2023 bis zum 11. Januar 2024 präsentierten die Stipendiat*innen ihre im Förderzeitraum entstandenen neuen Arbeiten in der Burg Galerie im Volkspark einer breiten Öffentlichkeit. *graduiert ≈ präsentiert* zeigte dabei eine Vielfalt an Arbeiten, die von komplexen Rauminstallationen und Objekten über Malerei und Augmented Reality, textilen Arbeiten bis hin zu Fotografien und Videoanimationen reichten.

graduiert≈präsentiert 2023 – Scholarship holders of the 2022 and 2023 postgraduate scholarship programme of the State of Saxony-Anhalt exhibit their work

Nine young artists and designers who studied at BURG received scholarships from Burg Giebichenstein University of Art and Design Halle as part of the postgraduate scholarship programme of the State of Saxony-Anhalt for young talents in art and science in 2022 and 2023. During that period, the scholarship enabled them to develop a new complex of works in exchange with BURG while enjoying a comfortable level of financial security. The exhibition to mark the end of the scholarship is an important element of the extensive support programme for graduates of BURG, which in recent years has become increasingly all-encompassing.

Thomas Brück (Time-based Arts), Pia vom Ende (Textile Arts), Felicitas Fäßler (Image, Space, Object, Glass), Magdalena Orland (Conceptual Textile Design), Miriam Reihl (Interior Architecture), Heike Rinde (Book Art), Lea Rohde (Jewellery), Jorge Sánchez Di Bello (Image, Space Object, Glass), and Jakob Schreiter (Image, Space, Object, Glass) received financial support.

From 23 November 2023 through 11 January 2024, the scholarship holders presented the new works they created during their scholarship period to the general public in Burg Gallery in the Volkspark. *graduiert ≈ präsentiert* exhibited a wide spectrum of works ranging from complex installations and objects, painting and augmented reality to textile works, photographs, and video animations.

Ausstellungsdauer:
23. November 2023 bis 11. Januar 2024

Ausstellungsort:
Burg Galerie im Volkspark,
Schleifweg 8a, 06114 Halle (Saale)

Kuratiert von:
Dr. Jule Reuter, Kuratorin der Burg Galerie im Volkspark, in Zusammenarbeit mit Leona Blum, Kuratorische Assistenz

Graduiertenkommission 2022:
Prof. Rolf Wicker
Professor für Bildnerische Grundlagen/Plastik, Prorektor (Vorsitz)
Prof. Dr. Pablo Abend
Professor für Designtheorie
Prof. Dr. Nike Bätzner
Professorin für Kunstgeschichte, Gleichstellungsbeauftragte
Prof. Tilo Baumgärtel
Professor für Malerei
Prof. Philip Gaißer
Professor für Bildnerische Grundlagen/Fotografie
Tobias Jacob
Künstlerischer Mitarbeiter Kommunikationsdesign
Julia Miorin
Künstlerische Mitarbeiterin Kunst (Lehramt)/Kunstpädagogik
Prof. Rita Rentzsch
Professorin für Innenarchitektur/Raumfunktionslehre
Prof. Laura Straßer
Professorin für Produktdesign/Keramik- und Glasdesign, Prodekanin Fachbereich Design

Graduiertenkommission 2023:
Prof. Tilo Baumgärtel
Professor für Malerei, Prorektor (Vorsitz)
Prof. Dr. Pablo Abend
Professor für Designtheorie
Prof. Dr. Nike Bätzner
Professorin für Kunstgeschichte, Gleichstellungsbeauftragte
Silke Berg
Künstlerische Mitarbeiterin Textile Künste
Prof. Stella Geppert
Professorin für Bildhauerische und performative Praxis
Prof. Natalie Häusler
Professorin für Malerei/Glas
Prof. Michael Jäger
Professor für Bildnerische Grundlagen/Malerei
Prof. Lars Paschke
Professor für Modedesign
Tristan Schulze
Künstlerischer Mitarbeiter MM|VR-Design

Exhibition duration:
23 November 2023 – 11 January 2024

Exhibition venue:
Burg Gallery in the Volkspark,
Schleifweg 8a, 06114 Halle (Saale)

Curators:
Dr Jule Reuter, curator of Burg Gallery in the Volkspark, in collaboration with Leona Blum, curatorial assistance

2022 alumni jury:
Prof. Rolf Wicker
professor of Art Fundamentals/Plastic Arts, prorector (Chair)
Prof. Pablo Abend
professor for Design Theory
Prof. Dr Nike Bätzner
professor for Art History, equal opportunities officer
Prof. Tilo Baumgärtel
professor for Painting
Prof. Philip Gaißer
professor for Art Fundamentals/Photography
Tobias Jacob
artistic assistant, Communication Design
Julia Miorin
artistic assistant, Art Pedagogy/Art Education
Prof. Rita Rentzsch
professor of Interior Architecture/Function of Space
Prof. Laura Straßer
professor for Product Design/Ceramic and Glass Design, vice dean of the Design Faculty

2023 alumni jury:
Prof. Tilo Baumgärtel
professor for Painting, prorector (Chair)
Prof. Pablo Abend
professor for Design Theory
Prof. Dr Nike Bätzner
professor for Art History, equal opportunities officer
Silke Berg
artistic assistant Textile Arts
Prof. Stella Geppert
professor of Sculptural and performative practice
Prof. Natalie Häusler
professor for Painting/Glass
Prof. Michael Jäger
professor for Art Fundamentals/Painting
Prof. Lars Paschke
professor for Fashion Design
Tristan Schulze
artistic assistant MM|VR Design

Thomas Brück

The Darkest Hour Is Right Before The Dawn, 2020, Diplom Zeitbasierte Künste bei Prof. Michaela Schweiger

In *The Darkest Hour Is Right Before The Dawn* setzt sich Thomas Brück mit der Vorstellung von Apokalypse in der Kulturgeschichte auseinander. In einer Dreikanal-Videoinstallation zeigt er in einem ersten Teil Interviews mit Wissenschaftler*innen des Käte Hamburger Kollegs für Apokalyptische und Postapokalyptische Studien (CAPAS) der Universität Heidelberg. Sie beschäftigen sich mit der Frage, wie sich Katastrophen und Endzeitszenarien auf Gesellschaften, Individuen und Umwelten auswirken. Welche Narrative werden von Politik und Medien der westlichen Welt (re)produziert? Welche finden sich bei Indigenen? Im zweiten Teil wurde ein Oneshot, ein auf- und abwärtsführender Kameraschwenk über die *Frühbürgerliche Revolution in Deutschland* von Werner Tübke im Panorama Museum in Bad Frankenhausen, mit einer Erzählung und Sound kombiniert. Tübkes Bildwelt visualisiert exemplarisch apokalyptischen Glauben und säkularisierten Millenarismus, Endzeitempfindungen, Scheitern und Gewalt wie auch Wünsche nach Aufbruch und Revolution.

The Darkest Hour Is Right Before The Dawn, 2020, Diplom Time-based Arts under Prof. Michaela Schweiger

In *The Darkest Hour Is Right Before The Dawn*, Thomas Brück examines the concept of the apocalypse in cultural history. In a three-channel video installation, he showed interviews with scientists from the Käte Hamburger Centre for Apocalyptic and Post-Apocalyptic Studies at Heidelberg University. They deal with the question of how catastrophes and apocalyptic scenarios impact societies, individuals, and environments. In the Western world, which narratives are (re)produced by policy makers and the media? Which ones do indigenous peoples (re)produce? In the second part, a single-take (a camera pan up and down) of the painting Peasants' War Panorama by Werner Tübke in the Panorama Museum in Bad Frankenhausen is combined with a story and sound. Tübke's visual world is a fine example of an apocalyptic belief system and secularised millenarianism, the doomsday mood, failure, and violence, as well as a wish for awakening and revolution.

Pia vom Ende

Heaven's Gainz, 2019, Diplom Textile Künste bei Prof. Caroline Achaintre, bis 2021 Meisterschülerin bei Prof. Tilo Baumgärtel

Heaven's Gainz, 2019, Diplom Textile Arts under Prof. Caroline Achaintre, until 2021, Meisterschüler under Prof. Tilo Baumgärtel

Pia vom Ende erforscht mit *Heaven's Gainz* Wahrheit und Realitätskonstruktion im digitalen Zeitalter. Mittels Malerei und Augmented Reality inszeniert sie eine fiktive Sekte namens *Heaven's Gainz*, die an die Erlösung durch Reichtum glaubt und Menschen als „Vehikel" des Kapitals betrachtet. Gemälde an der Wand zeigen unheimliche Schädel. Es sind Orakel, die die Sektenanführer darstellen und durch ihre Blockanordnung an Zoom-Videokonferenzen erinnern. Ein Missionsstand bietet einen Zugang zu einer Augmented Reality, in der ein Orakel der Heaven's-Gainz-Gruppe digital agiert. Es verkündet die Prophezeiungen und die Mission der Sekte; die Besucher*innen können mit ihm mittels AR außerhalb der Burg Galerie in Kontakt treten. Vom Ende untersucht Mechanismen und Machtstrukturen in einer kapitalistischen Gesellschaft. Dabei bezieht sie sich auf Internet, Film und Fernsehen, auf Popkultur, Literatur und Kulturgeschichte, um auf aktuelle Ereignisse zu verweisen.

In *Heaven's Gainz*, Pia vom Ende explores truth and the construction of reality in the digital age. By means of painting and augmented reality, she sets a fictional sect with the name of *Heaven's Gainz* in scene. The members believe that wealth is their salvation and consider people to be the "vehicle" of capital. Paintings on the wall showed eerie skulls. They are oracles that represent the sect's leader and due to their block arrangement, are reminiscent of Zoom online conferences. An information desk leads to an augmented reality in which an oracle of the Heaven's Gainz group acts digitally. It announces the prophesies and mission of the sect, and via AR, visitors can make contact with it outside Burg Gallery. vom Ende examines the mechanisms and power structures in a capitalist society. She makes reference to the internet, film and television, pop culture, literature, and cultural history in order to create a connection to current events.

Felicitas Fäßler
residues, 2019, Diplom Bild, Raum, Objekt, Glas bei Prof. Christine Triebsch

residues, 2019, Diplom Image, Space, Object, Glass under Prof. Christine Triebsch

Felicitas Fäßler beschäftigt sich in *residues* mit Hyperakkumulatoren. Das sind Pflanzen, die auf belasteten Böden mit hohen Konzentrationen von Metallionen gedeihen. Sie können Metalle aus kontaminiertem Erdreich ziehen und Standorte, die durch industrielle oder bergbauliche Altlasten gestört sind, sanieren. Anhand von Anzeigerpflanzen für Silber untersucht Fäßler deren Herkunft, Verbreitung und Nutzung. Sie führt das Edelmetall und ihre künstlerische Arbeit zusammen, indem sie chemische Silberverbindungen unter anderem als Färbemittel bei Glas, also auch für Glasobjekte und -malereien, und in der analogen Fotografie nutzt. Während der Bildentwicklung zerfällt die im Fotopapier eingebettete Silberbromidverbindung: Schwarz-Weiß-Fotografien zeigen seltsame, irritierende Objekte. Bizarre Gebilde, deren fadenartige Tentakel sich nach oben schlängeln, während ihre verknoteten Körper kostbar auf Plexiglas präsentiert werden. Ihre unregelmäßigen und filigranen Formen verweisen auf das Konstrukt „Natur", auf alchimistische Umwandlungen und die menschliche Ausbeutung natürlicher Ressourcen.

In *residues*, Felicitas Fäßler engages with hyperaccumulators. Hyperaccumulators are plants that flourish in contaminated soils with high concentrations of metal ions. They can extract metals out of contaminated ground and restore locations containing toxic industrial or mining contaminants. Using the indicator plants for silver, Fäßler examines their origins, occurrence and use. She combines the precious metal and her artistic work by using chemical silver compounds as a dye for glass – for glass objects and paintings – and in analogue photography, among other things. As the image develops, the silver bromide compounds embedded in the photo paper disintegrate: black and white photos show strange, irritating objects. Bizarre entities whose thread-like tentacles meander upwards while their knotted bodies are presented as precious objects on plexiglass. Their irregular, delicate shapes refer to the construct "nature", to alchemical transformations and the human exploitation of natural resources.

Magdalena Orland

Zweikommafünf, 2019, MA Conceptual Textile Design bei Prof. Bettina Göttke-Krogmann

Zweikommafünf, 2019, MA Conceptual Textile Design under Prof. Bettina Göttke-Krogmann

Magdalena Orland befasst sich mit der Digitalisierung der Gesellschaft und untersucht, inwieweit sich diese auf unseren Umgang mit Textilien auswirkt. Denn Bedienoberflächen werden immer flacher und das mag wiederum ein Bedürfnis nach stärkeren haptischen Erlebnissen auslösen. Orland fragte sich deshalb, wie es möglich ist, mit einer Technik wie dem Siebdruck dreidimensional zu arbeiten. Durch Material- und Prozessstudien, mit eigens herbeigeführten Zufällen sowie mit Seide und Schaumfarbe entwickelte die Designerin neue Methoden gezielter Wärmeeinwirkung. Beim Drucken legte sie Textilien flach auf und veränderte sie durch Hitzeeinwirkung. Durch die Oberflächenspannung bilden sich so plastische Formen. Die großformatigen Textilbahnen werden in einer Rauminstallation präsentiert, die den Besucher*innen die Möglichkeit bietet, sich durch diese zu bewegen. Ein 56-teiliges Materialarchiv dokumentiert die Prozesse und Zusammenhänge.

Magdalena Orland engages with the digitalisation of society and examines the extent to which it affects the way we deal with textiles. User interfaces are becoming ever flatter, which could in turn trigger a need for more palpable experiences around touch. This is why Orland wanted to find out how to work three-dimensionally with a 2D technique like screen printing. With material and process studies, silk and foam dyes – and intentional coincidences –, the designer developed new methods of systematic heat exposure, new tools, and innovative designs. She laid the silk flat on the printing table and changed it with heat. The resulting surface tension caused plastic shapes to form. The large-format lengths of textile are presented in an installation through which visitors could move. A 56-piece material archive documents the processes and contexts.

Miriam Reihl
Smells of Trust, 2019, MA Interior Architecture bei Prof. Axel Müller-Schöll

Smells of Trust, 2019, MA Interior Architecture under Prof. Axel Müller-Schöll

Miriam Reihl erforscht in *Smells of Trust* die Rolle des Riechens in zwischenmenschlichen Beziehungen. Sie entwickelte hierfür trichterartige Objekte, die das Geruchsvermögen in einem rituellen wie auch reflektierten Umgang verfeinern können. Die Düfte schließen auch soziale Gerüche ein, die unbewusst Empathie auslösen und zu einem besseren gegenseitigen Verständnis zwischen Menschen beitragen. *Smells of Trust* repräsentiert Duftsets als symbolische Impulse, die ebenso unsichtbar, flüchtig und subjektiv sind wie die Emotionen, die sie auslösen. Kann uns das bewusste Riechen einander näherbringen, nicht nur räumlich, sondern auch emotional?

Miriam Reihl examines the role of smelling in human relationships in *Smells of Trust*. To do this, she developed funnel-type objects that can refine the sense of smell through ritual and reflected handling. The scents also include social smells that unconsciously trigger empathy and contribute to better mutual understanding among humans. *Smells of Trust* presents sets of scents as symbolic impulses that are just as invisible, volatile, and subjective as the emotions they evoke. Can conscious smelling bring us closer together both emotionally and spatially?

Heike Rinde

Die Zitronen, 2021, Diplom Buchkunst bei Prof. Caroline Achaintre

Die Zitronen, 2021, Diplom Book Art under Prof. Caroline Achaintre

In *Die Zitronen* verbindet Heike Rinde Elemente eines Romans mit einer Rauminstallation und einer performativen Lesung. Bei ihr gibt es keine Eingleisigkeit. Die Künstlerin schreibt, baut und performt Geschichten, hier die Geschichte dreier Frauen, die versuchen, frei zu leben. Rinde montiert und collagiert mit Fundstücken, mit – auch gebrauchten – Materialien und Textilien; sie sind vergänglich und leicht zerstörbar, fragil und empfindlich. Wörter, Notizen, Mitteilungen werden gesetzt, gedichtet. Wie in einer Küche, einer Nähstube oder in einem Labor wählt Rinde Zutaten aus und fügt sie zu etwas Neuem zusammen. Das Ergebnis mag in dem Moment der optimale Zustand sein, es trägt aber gleichzeitig die Möglichkeit des Scheiterns in sich – der Augenblick kann vergehen, die Objekte können verfallen, Aussagen schnell veralten.

In *Die Zitronen* (The lemons), Heike Rinde combines elements of a novel with an installation and a reading/performance. She is anything but a single-track artist. Instead, Rinde writes, builds, and performs stories – in this case, the story of three women and their attempt to live a free life. She takes found pieces, materials and textiles – some of which are used –, and then mounts them to create collages that are transient and easily destroyed, fragile, and sensitive. Words, notes, messages are set, composed as poems. As if in a kitchen, sewing room or a laboratory, Rinde selects ingredients and combines them into something new. The result may be in the most optimal state at the moment, but at the same time it bears within the option to fail – the moment can pass, the objects might decay and statements can quickly become obsolete.

Lea Rohde

real conditions, 2020, Diplom Schmuck bei Prof. Hans Stofer

real conditions, 2020, Diplom Jewellery under Prof. Hans Stofer

Das Projekt *real conditions* von Lea Rohde setzt sich mit Naturphänomenen wie Licht und Wind auseinander. In Bildern und Texten vermittelt sie zwischen ihren eigenen Recherchen und der Forschung, die an den besuchten Orten betrieben wird. Details verweisen auf von Menschen geschaffene Räume, möglicherweise Keller, Labore, Hallen. Das menschliche Streben nach kontrollierten Bedingungen, im Labor und darüber hinaus, wird darin genauso zum Forschungsgegenstand wie die Erkenntnis, dass Fehler passieren und Material und Welt in Szenarien eingreifen. Die sorgsam arrangierten Fotografien und Texte oszillieren dergestalt zwischen formaler Strenge und poetischer Störung. Letztere entziehen sich durch ihre Entrücktheit, die durch Unschärfen und Ausschnitte entsteht, sodass die bis auf einen roten Akzent schwarz-weißen Fotografien fast abstrakt, und Objekte, soweit man sie erkennt, fragil und rätselhaft erscheinen.

In a poetic manner, the project *real conditions* by Lea Rohde examines natural phenomena like light and the wind. In images and text, she mediated between her own research and the research conducted at the places she visited. The details refer to spaces created by humans, most likely cellars, laboratories, and halls. The human aspiration to controlled conditions – in the laboratory and other places – becomes as much of a research subject as the realisation that mistakes are made, and materials and the world intervene in scenarios. The carefully arranged photographs and texts oscillate between formal severity and poetic disruption. The latter withdraw through their abstraction, which is created by blurs and cropping. With the exception of a red accent, black-and-white photos appeared almost abstract and objects – to the extent that they were recognisable – seemed fragile and enigmatic.

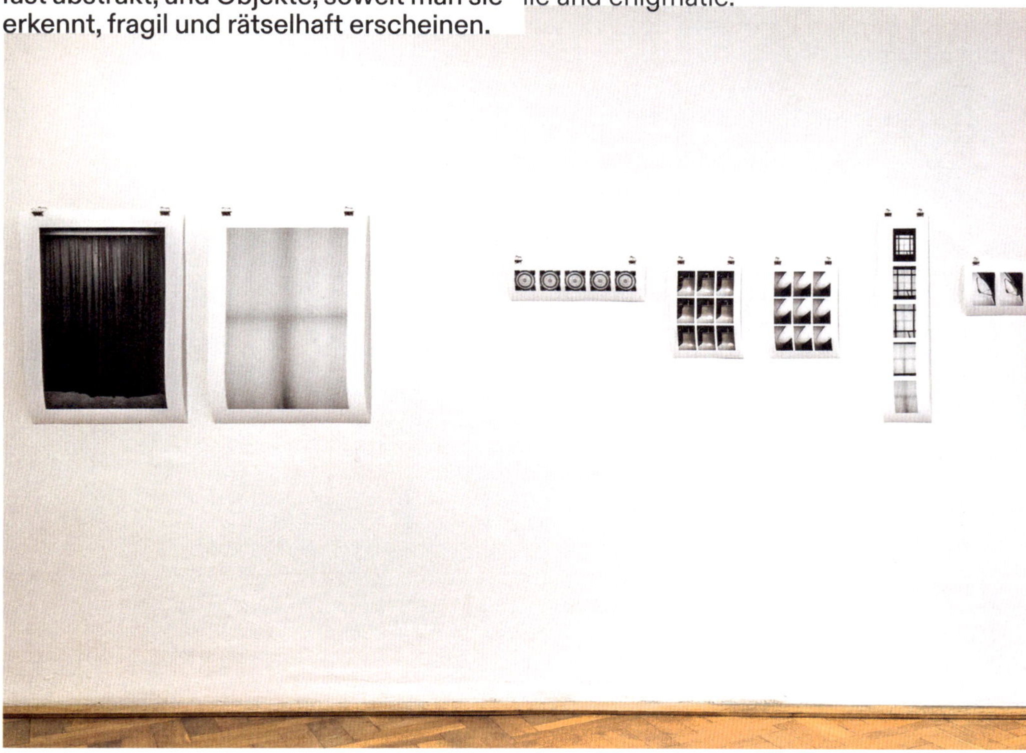

Jorge Sánchez Di Bello

Rancheria, 2019, Diplom Bild, Raum, Objekt, Glas bei Prof. Christine Triebsch, bis 2021 Meisterschüler bei Prof. Christine Triebsch

Rancheria, 2019, Diplom Image, Space, Object, Glass under Prof. Christine Triebsch, until 2021, Meisterschüler under Prof. Christine Triebsch

Die mehrteilige Installation *Rancheria* von Jorge Sánchez Di Bello ist das Ergebnis seiner Reisen auf der Halbinsel La Guajira im äußersten Nordosten Kolumbiens; dort befindet sich der größte Steinkohletagebau Lateinamerikas. Der Künstler reflektiert die Ausbeutung von Ressourcen in dieser Region. Flache Kästen, die mit schwarzen und weißen Massen, nämlich Steinkohle und Meersalz, gefüllt sind und dadurch eine schachbrettartige Struktur ergeben, bilden den Umriss der Halbinsel. Sie symbolisieren so zwei wichtige regionale Ressourcen. *Rancheria* ist die Bezeichnung für ein Haus oder für Häusergruppen, die von den indigenen Wayuu bewohnt werden. Ihre Region ist von der Plünderung der natürlichen Ressourcen bedroht und die Wayuu sind Gewalt und Vertreibung ausgesetzt. Das schwarz-weiße Schachbrettmuster findet sich auch bei zwei hauseingangsähnlichen Wandobjekten wieder, die Elemente der Wayuu-Kultur zitieren.

The multiple-piece installation *Rancheria* by Jorge Sánchez Di Bello is the result of his travels on the La Guajira peninsula on the north-eastern tip of Colombia. It is the home of the largest bituminous coal mine in Latin America. The artist reflects on the exploitation of resources in the region. Flat boxes filled with black and white substances – namely, bituminous coal and sea salt – to create a chessboard-like structure formed an outline of the peninsula. They symbolised two key regional resources. Rancheria is the name of the house or group of houses where the indigenous Wayuu live. Their region is threatened by the plundering of natural resources. Defenceless, the Wayuu are exposed to violence and displacement. The black and white chessboard pattern is repeated in two wall objects that are reminiscent of doors into houses. They quote elements of the Wayuu culture.

Jakob Schreiter

Shieldclip, 2020, Diplom Bild, Raum, Objekt, Glas bei Prof. Christine Triebsch

Shieldclip, 2020, Diplom Image, Space, Object, Glass under Prof. Christine Triebsch

Jakob Schreiter wählt die Digitalisierung der Welt und die veränderte Wahrnehmung von Zeit als Thema. Als Beispiele dienen das Computerspiel-Phänomen Speedrunning und die Restaurierung künstlicher Ruinen. In seiner Arbeit *Shieldclip* fordert er die Betrachtenden auf, die Vorstellung von linearer Zeit zu hinterfragen. Was verbindet die restauratorische Praxis bezüglich künstlicher Ruinen mit der Computerspielpraxis des Speedrunnings? Die Arbeit an künstlichen Ruinen, räumlichen Sinnbildern der Vergänglichkeit, führt die absurd erscheinende Erhaltung eines nachgeahmten Verfalls vor, während beim Speedrunning die Vorstellung von Zeit als Werkzeug zur Manipulation von Spielabläufen demonstriert wird. Die Digitalisierung erfordert es, das Konzept von linearer Zeit als positive wie negative Erzählung zu überdenken.

Jakob Schreiter investigates the digitalisation of our world and the changing perception of time. As examples, he takes the computer game phenomenon of speedrunning and the restoration of artificial ruins. In his work *Shieldclip*, he challenges viewer to question the concept of linear time. What connects the practice of restoring artificial ruins with the computer game practice of speedrunning? The work on artificial ruins, spatial symbols of the past, presents the seemingly absurd retention of imitated decay, while speedrunning demonstrates the concept of time as a tool for manipulating game sequences. Digitalisation requires us to re-think the concept of linear time as a story that is both positive and negative.

24.11.

Die Textilrestaurierung der BURG schließt zum Jahresende 2023

Mit großem Bedauern verkündet die Hochschulleitung, dass die Textilrestaurierung, geführt als Betrieb gewerblicher Art, zum 31. Dezember 2023 eingestellt wird. Die Schließung betrifft ausschließlich den separaten und gewerblichen Teil der Textilrestaurierung, der von der ehemaligen staatlichen Textil- und Gobelinmanukfaktur Halle GmbH 2014 zu großen Anteilen unter das Dach der BURG wechselte. Die Stickerei, Färberei sowie die Hoch- und Flachweberei bleiben weiterhin als Teil der Hochschullehre bestehen. Die BURG bedankt sich für die bedeutende Arbeit, die die Textilrestaurierung in den Jahren leistete: etwa die von 2016 bis 2019 andauernde fadengenaue Rekonstruktion des Paradeschlafzimmers Augusts des Starken im Dresdner Residenzschloss.

Textile Restoration at BURG shut down at end of 2023

With deep regret, university management announced that the Textile Restoration programme run as a commercial entity would shut down on 31 December 2023. Only the separate, commercial segment of Textile Restoration, the majority of which BURG took over from the state-owned Textil- und Gobelinmanukfaktur Halle GmbH in 2014, was affected by the closure. The embroidery, dyeing, and weaving segments remain part of the university teaching programme. BURG would like to express its gratitude for the important work that Textile Restoration contributed in the past. From 2016 until 2019, for example, the ongoing accurate reconstruction of the exemplary bedroom of Augustus II the Strong in Dresden Castle.

16.–17.12.

Weihnachtsmarkt auf dem Campus Design

Die BURG und der Burgshop laden zu einem kleinen Weihnachtsmarkt auf dem Campus Design ein. Der Burgshop ist mit einer kuratierten Auswahl an Produkten von Studierenden und Alumni vertreten. Auch Studierende präsentieren ein buntes Angebot aus Kunst und Design zum Stöbern und Entdecken. Ein Rahmenprogramm mit Musik, Speis und Trank lädt zum Verweilen ein.

Christmas Market on the Design Campus

BURG and the Burgshop invited visitors to a small Christmas market on the Design Campus. The Burgshop was represented by a curated selection of products by students and alumni. Students also presented a mixed offering of art and design for shopping and browsing. An additional programme with music, food and beverages made the market an inviting place to spend some time in.

01.01.–11.05.

Internationales Residenzprogramm in Portugal

Von Januar bis Mai 2024 stellt die Kunstorganisation *AiR351* in Cascais, Portugal ihre Ateliers 18 Burg-Studierenden der Studienrichtung Malerei zur Verfügung. Das Projekt bietet den Studierenden die Möglichkeit, noch vor ihrem Abschluss einen Residenzaufenthalt in einem internationalen Umfeld zu erleben. Eine gemeinsame Abschlussausstellung findet im April statt. Initiiert wurde die internationale Kooperation von Gastprofessorin Marie-Thérèse Rink.

International residency programme in Portugal

From January to May 2024, the art organisation *AiR351* in Cascais, Portugal made their studios available to 18 Burg students in the Painting study programme. The project offers students the opportunity to experience a residency in an international environment before receiving their degree. A joint final exhibition took place in April. Guest Professor Marie-Thérèse Rink initiated the international cooperation.

11.01.

Studieninfotag

Mit einem abwechslungsreichen Programm wird das Studium an der BURG vorgestellt. Studieninteressierte aus ganz Deutschland erhalten Einblicke in die Studiengänge und Werkstätten an der Kunsthochschule und können mit Lehrenden, Mitarbeiter*innen und Studierenden vor Ort, aber auch digital, ins Gespräch kommen.

Study information day

A varied programme was organised to present studying at BURG. Potential students from all over Germany gained insight into the study programmes and workshops at the university of art and design and were able to have both face-to-face and digital conversations with teachers, staff, and students.

23.01.

Jour Fixe: Prof. Dr. Christine Goutrié und Prof. Ulf Aminde

Mit ihrem Vortrag *Kritische Räume an weißen Kunsthochschulen oder Kunsthochschule für alle?* regen die beiden Professor*innen der Weißensee Kunsthochschule Reflexionen über strukturelle Veränderungen an Hochschulen an.

Jour Fixe: Prof. Dr Christine Goutrié and Prof. Ulf Aminde

With their talk *Kritische Räume an weißen Kunsthochschulen oder Kunsthochschule für alle?* (Critical spaces at white universities of art or universities of art and design for everyone?) the two professors from initiated reflections on structural changes at universities.

DESIGN
STUDIES
COLLOQUIUM
Research through design
DESIGNWISSEN-
SCHAFTLICHES
KOLLOQUIUM
Beispielsweise gestalterisches Forschen

12.–13.01.

Designwissenschaftliches Kolloquium–Raum für Experimente: Beispielsweise gestalterisches Forschen, Text von: Caroline Nölle, Studierende im Mastertsudiengang Design Studies

Unter diesem Titel veranstaltete der Masterstudiengang Design Studies im Januar 2024 ein zweitägiges Kolloquium mit Referent*innen aus Wissenschaft und Design auf dem Campus Neuwerk. Die Frage, was unter „gestalterischem Forschen" zu verstehen ist, beschäftigt Studierende und Lehrende der Designwissenschaften seit einiger Zeit. Was mit Forschen über Design gemeint sein könnte, lässt sich unter Geisteswissenschaftler*innen nachvollziehen. Dass und was im Design geforscht wird, ist unter praktisch ausgebildeten Designer*innen bekannt. Aber weder Wissenschaftler*innen noch Praktiker*innen scheinen sich einig zu sein, was unter Forschung durch Design verstanden werden könnte. Das Kolloquium wurde daher konzipiert, um sich gezielt über Methoden auszutauschen und darüber hinaus über das Spezifische „gestalterischen Forschens" nachzudenken. Die Vorträge waren in Panels strukturiert, die Einblicke in verschiedene Methoden versprachen. Ihre Titel lauteten: *Ordnen, Bestimmen, Gegenüberstellen; Hineinversetzen, Übersetzen; Gebrauchen, Wahrnehmen, Genießen; Visualisieren, Intervenieren; Untersuchen, Transformieren, Integrieren; Forschen, Lehren und Lernen, BURG* bis hin zum *Experimentieren mit Löffel*, das in ein gemeinsamen Abendessen am ersten Tag mündete. Das Publikum setzte sich aus Studierenden, Lehrenden und Alumni der BURG sowie externen Gästen zusammen.

„Ich verstehe noch nicht ganz, was an einem Zuckerwatte-Workshop Forschung sein soll?" Die Frage von Mara Recklies im Anschluss an das erste Vortragspanel *Ordnen, Bestimmen, Gegenüberstellen* führte zu einer lebhaften Diskussion. Dabei wurde die Bedeutung von „Workshops" als Lehr- und Lernformat einer gestalterischen Forschung deutlich. In diesem Rahmen scheint sich am ehesten realisieren zu lassen, was als zentrales methodisches

Design Studies Colloquium–Space for experiments. Research through design, text by: Caroline Nölle, Student in the Master's programme Design Studies

The Design Studies master's programme organised a 2-day colloquium with the above title ("Design Studies colloquium – Space for experiments. Research through design, etc.") on the Neuwerk campus in January 2024 with speakers from the fields of science and design. The question of what "research through design" means has preoccupied the students and teachers of Design Studies for quite some time. Humanities scholars readily understand what research about design could entail. Designers trained in the practice of design are familiar with what is examined in design and know that it is the focus of research. But neither scholars nor practitioners seem to agree on what research through design could be. This is why concept of the colloquium was to exchange information about methods and further, to think about the specifics of "research through design". The talks were structured as panel discussions that promised insights into a variety of methods. Their titles ranged from: *Ordnen, Bestimmen, Gegenüberstellen; Hineinversetzen, Übersetzen; Gebrauchen, Wahrnehmen, Genießen; Visualisieren, Intervenieren; Untersuchen, Transformieren, Integrieren; Forschen, Lehren und Lernen, BURG* (Organising, specifying, contrasting; Empathising, translating; Using, perceiving, enjoying; Visualising, intervening; Examining, transforming, integrating; Researching, teaching and learning, BURG) to *Experimentieren mit Löffel* (Experimenting with spoons), which ended with a group dinner on the first day. The audience comprised students, teachers, and alumni of BURG, as well as external guests.

"I don't exactly understand what a spun sugar workshop has to do with research." The statement by Mara Recklies at the end of the first panel, Organising, specifying, contrasting, led to a lively discussion. The significance of "workshops" as a teaching and learning format of research through design became clear. This framework appeared

Anliegen erscheint: das transdisziplinäre Arbeiten oder, besser gesagt, das Durchbrechen von Disziplingrenzen in den sich öffnenden Räumen zwischen verschiedenen Fachgebieten, Expertisen und etablierten Hierarchien. Dies schuf Raum für Experimente, die nicht unbedingt einer logischen Struktur folgen müssen, sondern das Spielerische, Zufällige oder Improvisierte als kreativen Faktor akzeptieren und wertschätzen.

Im Panel *Hineinversetzen, Übersetzen* nahm Birgit Severin die Zuhörenden mit auf eine gedankliche Reise nach Japan. Ihr interkultureller und ethnografischer Blick auf die japanische Reinigungskultur reflektierte das Putzen als achtsamen Akt, der Care-Aspekte fördert und eine neue Perspektive auf Mensch-Objekt-Beziehungen bietet. Rasa Webers performativer Vortrag führte in die Tiefen des Meeres. Auf immersive Weise vermittelte sie Eindrücke und sinnliche Erfahrungen aus ihrer Design- und Forschungspraxis, die sich über eine Auseinandersetzung mit Flechtmustern zur Schaffung künstlicher Korallenriffe im Meer beschäftigt. Unter dem Titel Forschen, Lehren und Lernen, BURG brachten Studierende und Lehrende der Kunsthochschule ihre Erfahrungen aus dem BioLab ein. Fragen wie die Dokumentation der Ergebnisse eines forschenden Designprozesses für nachfolgende Semesterarbeiten oder die Veränderung des Designprozesses durch die Orientierung an streng naturwissenschaftlichen Methoden wurden diskutiert.

Weitere Vorträge beschäftigten sich mit einer kulturhistorische Auseinandersetzung mit dem *Hanbok*, der traditionellen (süd-)koreanischen Tracht (Yoonha Kim), und gestalteten Interventionen im öffentlichen Raum (Rosario Talevi).

Die vielfältigen Vorträge und Diskussionen lieferten eine Menge Stoff für weitere Diskussionen. So ist die nächste Ausgabe des Neuwerk Magazins zum Thema gestalterisches Forschen bereits in Planung.

to be the most suitable for realising what seemed to be the main methodological concern: interdisciplinary work or, better, breaking through the boundaries between disciplines in the spaces opening up between different specialisms, areas of expertise, and established hierarchies. It created space for experiments that do not necessarily have to follow a logical structure. Instead, they accept and appreciate playfulness, randomness or the improvised as creative factors.

During the panel *Empathising, Translating*, Birgit Severin took her listeners on a mental journey to Japan. Her cross-cultural, ethnographic view of the Japanese culture of cleaning reflected on cleaning as a mindful act that supports aspects of care and offers a new perspective on the human-object relationship. Rasa Weber's performative talk guided the audience into the depths of the ocean. In an immersive manner, she conveyed impressions and sensory experiences from her design and research practice, which focuses on examining braided patterns to be used in the creation of artificial coral reefs in the ocean. Under the title Researching, teaching and learning, BURG, students and teachers from the university of art and design contributed their experiences from the BioLab. Issues like the documentation of the results of a research-orientated design process for following semester work or the change in the design process from an orientation on strict methods from the natural sciences were discussed.

Other talks dealt with a culture historical examination of the *hanbok*, the traditional (South) Korean costume (Yoonha Kim) and designed interventions in the public space (Rosario Talevi).

The diverse talks and discussions provided lots of inspiration for future discussions. And the next edition of Neuwerk Magazine on the topic of research through design is already in the planning phase.

Das Kolloquium war eine fachübergreifende Gemeinschaftsproduktion der Designwissenschaften an der Burg Giebichenstein Kunsthochschule Halle.

Beteiligte:
Prof. Dr. Pablo Abend, Professor für Designtheorie, Michaela Anzer, Wissenschaftliche Mitarbeiterin Design- und Architekturgeschichte, Lena Beetz, Lena Bergner, Prof. Dr. Veronica Biermann, Professorin für Design- und Architekturgeschichte, Christina Bundesmann, Kim Cordes, Christian Dietz, Katharina Fußeder, Prof. Mareike Gast, Professorin für Industrial Design/Material- und technologiebasierte Produktentwicklung, Miriam Hantzko, Simon Höfer, Lara Liske, Caroline Nölle, Mara Recklies, Bianca Koczan, ehemalige Gastprofessorin für Modedesign, Vanessa Kuhfs, Prof. Evelyn Sitter, Professorin für Modedesign, Daniel Tauer, Grit Thönnissen, Aaron Wunner, Miriam Zimmermann, Prof. Christian Zöllner, Professor für Industrial Design/Gestaltung in digitalen Kontexten

Vortragende:
Marvin Bratke, Katharina Bredies, Kim Cordes, Dr. Annika Frye, Katharina Fußeder, Prof. Mareike Gast, Prof. Dr. Michael Heinrich, Dr. Bianca Herlo, Simon Höfer, Jasper Humpert, Paul Iby, Yoonha Kim, Bianca Koczan, Birgit Severin, Prof. Evelyn Sitter, Michael Suckow, Rosario Talevi, Dr. Hannah Varga, Lilo Viehweg, Rasa Weber und Johanna Winklhofer.

The colloquium was a joint production of Design Studies at Burg Giebichenstein University of Art and Design Halle

Participants:
Prof. Dr Pablo Abend, professor for Design Theory, Michaela Anzer, research assistant for Design and Architectural History, Lena Beetz, Lena Bergner, Prof. Dr Veronica Biermann, professor for Design and Architectural History, Christina Bundesmann, Kim Cordes, Christian Dietz, Katharina Fußeder, Prof. Mareike Gast, professor of Industrial Design/Material and Technology-Based Product Development, Miriam Hantzko, Simon Höfer, Lara Liske, Caroline Nölle, Mara Recklies, Bianca Koczan, former guest professor of Fashion Design, Daniel Tauer, Grit Thönnissen, Aaron Wunner, Miriam Zimmermann, Prof. Christian Zöllner, professor of Industrial Design/Design in Digital Contexts

Speakers:
Marvin Bratke, Katharina Bredies, Kim Cordes, Dr Annika Frye, Katharina Fußeder, Prof. Mareike Gast, Prof. Dr Michael Heinrich, Dr Bianca Herlo, Simon Höfer, Jasper Humpert, Paul Iby, Yoonha Kim, Bianca Koczan, Birgit Severin, Prof. Evelyn Sitter, Michael Suckow, Rosario Talevi, Dr Hannah Varga, Lilo Viehweg, Rasa Weber and Johanna Winklhofer.

herzlic
Willkomme
Raum für
Experimente
Gestalteris
Forsche

↑ Büchertische mit Publikationen zum Veranstaltungsthema
Book tables with publications on the topic of the event

↖ Caroline Nölle, Master-Studentin der Design Studies und Mit-Organisatorin des Kolloquiums bei der Anmoderation
Master's student of Design Studies and co-organiser of the colloquium during the moderation.

← Kaffeepause mit Gästen und Vortragenden des Kolloquiums mit Unterstützung der mobilen *Intercultural Kitchen*.
Coffee break with guests and speakers of the colloquium with the support of the mobile *Intercultural Kitchen*.

→ Diskussionsrunde mit Fragen und Anregungen aus dem Publikum
Discussion round with questions and suggestions from the audience.

ART AWARD
Saalesparkasse Foundation 2024
Outstanding works from the Art Faculty
KUNSTPREIS
der Stiftung der Saalesparkasse 2024
Ausgezeichnete Arbeiten aus dem Fachbereich Kunst

01.02.–21.02.

Kunstpreis der Stiftung der Saalesparkasse 2024 – Ausgezeichnete Arbeiten aus dem Fachbereich Kunst

2024 Saalesparkasse Foundation Art Award Award-winning works from the Art Faculty

Der Kunstpreis der Stiftung der Saalesparkasse prämierte zum 18. Mal eine herausragende Diplomarbeit im Fachbereich Kunst der Burg Giebichenstein Kunsthochschule Halle. Den mit 2.500 Euro dotierten Kunstpreis der Stiftung der Saalesparkasse 2024 erhielt Fern Liberty Kallenbach Campbell, Burg-Absolventin der Studienrichtung Textile Künste, für ihre Arbeiten *Hair of the Dog* und *Tischtier*. Zudem wurden drei Anerkennungen, jeweils dotiert mit 500 Euro, von der Fachjury an Eleonora E. Damme (Grafik), Elisabeth Otto (Kunst (Lehramt)) und Anne Pruy (Schmuck) vergeben. Die Preisverleihung fand am 31. Januar 2024 im Volkspark Halle als Auftakt der Ausstellung *We are nowhere, but it's now – Diplome der Kunst 2024* statt. Mit der von Elisabeth Würzl kuratierten Diplomausstellung bot die BURG den Absolvent*innen zum Ende des Wintersemesters ein eigenständiges Format. Gezeigt wurden die Arbeiten der Preisträger*innen sowie die Werke von weiteren 22 Absolvent*innen des Fachbereichs Kunst.

Der Ausstellungstitel verweist auf den leicht melancholischen Moment des Loslassens und des Schritts ins Ungewisse. Er bezieht sich sowohl auf das Gefühl der Unsicherheit nach dem Studium als auch auf Chancen und unbekannte Möglichkeiten. Die Ausstellung präsentierte eine Bandbreite an künstlerischen Herangehensweisen, Medien und Formaten, die sich mit aktuellen soziopolitischen Themen ebenso beschäftigten wie mit kunstimmanenten Fragestellungen. Die Absolvent*innen hinterfragten kritisch körperliche Normvorstellungen, sie unternahmen Material- und Raumerforschungen, verarbeiteten persönliche Geschichten und experimentierten mit neuen Formgestaltungen. Zu sehen waren Werke der Malerei, Grafik und Keramik, Schmuckobjekte, Skulpturen, Performances und Textilarbeiten, Video- und VR-Arbeiten.

The Saalesparkasse Foundation Art Award honoured an outstanding final work in the Art Faculty of Burg Giebichenstein University of Art and Design Halle for the 18th time this year. The 2024 Saalesparkasse Foundation Art Award endowed with € 2,500 went to Fern Liberty Kallenbach Campbell, a graduate of the Textile Arts study programme at BURG, for her works *Hair of the Dog* and *Tischtier (Table animal)*. The jury of experts also awarded an honourable mention, each endowed with € 500, to Eleonora E. Damme (Graphic Arts), Elisabeth Otto, (Art (teaching degree)), and Anne Pruy (Jewellery). The award ceremony took place on 31 January 2024 in Volkspark Halle as the kick-off to the exhibition *We are nowhere, but it's now – Diplome der Kunst 2024*. BURG offered the graduates a stand-alone format at the end of the winter semester with the graduation exhibition curated by Elisabeth Würzl. The exhibition showed the works by the award-winners and the works of an additional 22 graduates of the Art Faculty.

The exhibition title calls to mind the slightly melancholy moment of letting go and taking a step into the unknown. It refers to both the feeling of uncertainty after graduating and the anticipation of unknown opportunities. The exhibition presented a range of artistic approaches, media, and formats which examined current socio-political themes and issues that are confined to the realm of art. The graduates critically questioned standard conceptions of the body, conducted research into materials and space, processed personal stories, and experimented with creating new forms. Works of painting, graphic arts and ceramics, jewellery, sculptures, performances and textile works, videos and VR works were on exhibit.

Preisträgerin
Fern Liberty Kallenbach Campbell

Anerkennungen
Eleonora E. Damme,
Elisabeth Otto, Anne Pruy

Die Jury-Mitglieder des Kunstpreises der Stiftung der Saalesparkasse

Thomas Bauer-Friedrich Direktor des Kunstmuseums Moritzburg Halle (Saale), Prof. Tilo Baumgärtel Prorektor und Professor für Malerei an der BURG, Vorsitz der Jury (ohne Stimmrecht), Prof. Bettina Erzgräber Rektorin der BURG und Professorin für Zeichnen und bildnerisches Gestalten, Friederike von Hellermann Künstlerische Mitarbeiterin, Fachbereich Design, BURG, Prof. Oliver Kossack, Rektor der Hochschule für Bildende Künste Dresden, Prof. Julia Walter, Vertretungsprofessorin Plastik/Schmuck, BURG

We are nowhere, but it's now – Diplome der Kunst 2024

Die Arbeiten der Preisträger*innen sowie weitere Werke von 22 Absolvent*innen des Fachbereichs Kunst waren im Volkspark Halle zu sehen.

Ausstellungsdauer
1.–21. Februar 2024

Ausstellungsort
Volkspark Halle, Schleifweg 8a,
06114 Halle (Saale)

Kuratiert von
Elisabeth Würzl

Ausstellende
Martha Sophie Burkhardt, Eleonora E. Damme, Moritz Danner, Claire Ebendinger, Lisann Greiner-Bechert, Laura Hanisch, Antonia Jungk, Fern Liberty Kallenbach Campbell, Youjeong Kim, Maximilian Koch, Evelin Marin, Clara Medek, Laura Meltke, Paul-Jakob Meussling, Elisabeth Otto, Merlind Papke, Naomi Pietros, Anne Pruy, Julia Ragotzky, Romina Ried, Sophia Louise Roggenkamp, Lena Schirrmeister, Rebecca L. Schöler, Emika Sekine, Daniela Trabold, Xue Wang

Förderer
Der Kunstpreis wird gefördert durch die Stiftung der Saalesparkasse Halle.

Winner
Fern Liberty Kallenbach Campbell

Honourable mentions
Eleonora E. Damme,
Elisabeth Otto, Anne Pruy

The jury members of the Saalesparkasse Foundation Art Award

Thomas Bauer-Friedrich,Thomas Bauer-Friedrich, Director of Kunstmuseum Moritzburg Halle (Saale) Prof. Tilo Baumgärtel, prorector and professor of painting at BURG, jury chair (without a vote), Prof. Bettina Erzgräber, rector of BURG, Friederike von Hellermann, artistic assistant, Design Faculty, BURG, Prof. Oliver Kossack, rector of Hochschule für Bildende Künste Dresden Prof. Julia Walter, deputy professor Plastic Arts/Jewellery, BURG

We are nowhere, but it's now – Diplome der Kunst 2024

The works of the award winners and other works by 22 Art Faculty graduates were on view in Volkspark Halle.

Exhibition duration
1.–21. February 2024

Exhibition venue
Volkspark Halle, Schleifweg 8a,
06114 Halle (Saale)

Curated by
Elisabeth Würzl

Exhibitors
Martha Sophie Burkhardt, Eleonora E. Damme, Moritz Danner, Claire Ebendinger, Lisann Greiner-Bechert, Laura Hanisch, Antonia Jungk, Fern Liberty Kallenbach Campbell, Youjeong Kim, Maximilian Koch, Evelin Marin, Clara Medek, Laura Meltke, Paul-Jakob Meussling, Elisabeth Otto, Merlind Papke, Naomi Pietros, Anne Pruy, Julia Ragotzky, Romina Ried, Sophia Louise Roggenkamp, Lena Schirrmeister, Rebecca L. Schöler, Emika Sekine, Daniela Trabold, Xue Wang

Sponsor
The Art Award is endowed by the Saalesparkasse Foundation in Halle.

Kunstpreis der Stiftung der Saalesparkasse nahm Fern Liberty Kallenbach Campbell für ihre Arbeiten *Hair of the Dog* und *Tischtier* entgegen. Das englische Sprichwort „hair of the dog that bit you" bezieht sich auf den „Hund" Alkohol, der mit seinen eigenen Mitteln geschlagen wird. Ein makabres Gelage tobt. Der Wahnsinn siegt. Gespenster, Superheldinnen, Menschenaffen, Füchse kneifen und beißen sich gegenseitig. Das *Tischtier* ist ein halbherzig abgeräumter Esstisch. Im wahren wie im übertragenen Sinne platt gemacht, hat es alle unterschiedlich langen Beine von sich gestreckt. Essens- und Getränkereste verzieren auf fantastische Art die Oberflächen. Das *Tischtier* ergründet auf zeitgenössische Weise die traditionelle Gattung der Stillleben und gemeinsam mit *Hair of the Dog* wird das Textile mit Elementen unseres modernen Alltags und unserer Bildwelten neu interpretiert. (→ S. 160)

Fern Liberty Kallenbach Campbell
Hair of the Dog und *Tischtier*

Studienrichtung
Textile Künste

Betreuung
Prof. Caroline Achaintre, Prof. Paul McDevitt und Charlotte Silbermann

Fern Liberty Kallenbach Campbell accepted the Saalesparkasse Foundation Art Award for her works *Hair of the Dog* and *Tischtier (Table animal)*. The English phrase "hair of the dog that bit you" refers to the "dog" alcohol, indicating that the cure for a hangover is simply to drink alcohol. A macabre banquet is in progress. Madness is gaining traction. Ghosts, superheroes, apes, and foxes are pinching and biting each other. The *Tischtier* is a sloppily cleared dining table. Literally and figuratively flattened, all of its different-sized legs are stretched out akimbo, on the floor. Table scraps and spilled drinks are the fanciful surface ornament. In a contemporary manner, the *Tischtier* explores the traditional genre of the still life and together with *Hair of the Dog*, the artist reinterprets textile objects with elements of modern, everyday life and our visual panorama. (→ p. 160)

Fern Liberty Kallenbach Campbell
Hair of the Dog and *Tischtier*

Study programme
Textile Arts

Supervision
Prof. Caroline Achaintre, Prof. Paul McDevitt and Charlotte Silbermann

Anerkennungen

Eleonora E. Dammes Arbeit *Beyond the Sea* spiegelt einen Kreislauf wider im Kontrast des Flüchtigen mit dem Greifbaren. Ein Loop verweist auf das Leben und den Tod als bewegter und zugleich unbewegter Film. Er besteht aus einer Papierschlaufe mit Magnetband, die von einem Kartenleser bewegt wird; das Papier wird bezeichnet, während sich eine Tonspur abspielt. In seiner Wiederholung steht es konträr zum unendlichen Strom der Bilder, in den wir stetig eingebettet sind. Die entstehenden, sich verdichtenden Linien lassen Wasserbewegungen imaginieren. *Mutterseelenallein* versucht, ein einschneidenes Erlebnis im Leben der Künstlerin zu erfassen: den Tod der eigenen Mutter. Beide sind auf dem Krankenbett zu sehen, kurz nach dem letzten Atem-

Honourable mentions

Eleonora E. Damme's work *Beyond the Sea* reflects a closed loop in the contrast between the transitory and the tangible. A loop refers to life and death as a moving and, at the same time, stationary film. The work comprises a paper loop with a magnet strip that is moved by a card reader. The paper is drawn on while a soundtrack is playing. In its repetitiousness, it is opposed to the infinite flow of the images in which we are constantly embedded. The lines this creates become dense, evoking associations with the movement of water. *Mutterseelenallein (All alone)* is an attempt to capture a life-changing experience in the artist's life: the death of her mother. The two of them are shown on the sickbed shortly before the mother takes her last breath. When the barrier between the

zug der Mutter. Als sich die Schranken zwischen dem physisch Fassbaren und dem immateriellen Seelischen für einen Moment hoben, füllte sich der Horizont mit schweren Wolken und wurde gleichzeitig ganz weit. Das Ende der Existenz scheint eine unüberwindbare Grenze zu sein. Aber in dem Augenblick, in dem sie erreicht wird, erscheint sie nicht als harte, klar umrissene Linie, sondern als ein alles einnehmender, diffuser Nebel. (→ S. 164)

Eleonora E. Damme
Beyond the Sea und *Mutterseelenallein*

Studienrichtung
Grafik

Betreuung
Prof. Paul McDevitt und
Franca Bartholomäi

Die besondere Wirkung von Elisabeth Ottos Installation *Schlaff & Schlackern* tritt durch die atmosphärische Kombination von verschiedenen Größenverhältnissen, technischer Apparatur und weichem Objektmaterial ein. Riesige sackähnliche Gebilde hängen paarweise an Metallbügeln von der Decke. Sie erinnern an schlaffe Häute, die in einer rauen industriellen Produktionsanlage baumeln. Die surreale Erscheinung wird durch die schlackernden Bewegungen der Objekte unterstützt. Beinahe tanzend drehen sie sich paarweise an den Gestängen um sich selbst. Sie schwingen und klatschen dabei wie unbeholfen gegeneinander. Die Installation steht einerseits als Metapher für den natürlichen, wiewohl auch allmählichen Prozess des Verfalls, der mit der Erschlaffung der Gewebe und auch mit dem Spannungs- und gar Funktionsverlust durch die Ermüdung von Material einhergeht. Andererseits steht das Schlackern auch für eine intendierte Bewegung, zu der nur schlaffe Körper fähig sind, da sie Spannungslosigkeit und Trägheit voraussetzt. (→ S. 166)

Elisabeth Otto
Schlaff & Schlackern

Studienrichtung
Kunst (Lehramt)

Betreuung
Prof. Karsten Födinger
und Prof. Tobias Hantmann

physically tangible and immaterial spiritual was lifted for a moment, the horizon was filled with heavy clouds and at the same time, became incredibly wide. The end of existence seems to be an insurmountable barrier. But in the moment in which it is reached, it becomes an all-encompassing, diffuse fog without any hard and clear outlines at all. (→ p. 164)

Eleonora E. Damme
Beyond the Sea and *Mutterseelenallein*

Study programme
Drawing and Printmaking

Supervision
Prof. Paul McDevitt and
Franca Bartholomäi

Viewers feel the special impact of Elisabeth Otto's installation *Schlaff & Schlackern (Sagging & wobbling)* in the atmosphere-defining combination of a range of proportions, a technical mechanism, and the soft material of the objects. Huge sack-like forms are suspended in pairs from the ceiling on metal brackets. They are reminiscent of sagging skins that are dangling in a raw industrial production facility. The surreal appearance is supported by the wobbling movements of the objects. Almost dancing, they rotate around themselves on the rods. They swing and slap against each other in a clumsy manner. First, the installation is a metaphor for the natural, albeit gradual process of decay, which goes hand in hand with sagging tissue and the loss of elasticity – and even loss of function from material fatigue. And second, sagging stands for intended movement, which is only possible when the body is slack. Such movement requires relaxation and lethargy. (→ p. 166)

Elisabeth Otto
Schlaff & Schlackern

Study programme
Art (teaching degree)

Supervision
Prof. Karsten Födinger
and Prof. Tobias Hantmann

Anne Pruys Werkserien *Verflechtungen* und *Flussabwärts* bestehen aus großformatigen, plastischen Collagen aus Emaille und Stahl, die zu unregelmäßigen Wandobjekten zusammengesetzt sind. Sie wirken durch ihre starke Farbigkeit zeichenhaft in die Räume hinein und zugleich flüchtig und locker im Farbauftrag. Dem Anschein von Leichtigkeit und malerischem Duktus stehen die Schwere der Stahlbearbeitung und die anspruchsvolle Arbeit am Emaille-Ofen gegenüber. Die abstrahierten Bildtableaus strahlen durch das Spiel der Farben und Formen aus. Durch das Aufeinandertreffen der Formen entstehen Dialoge, Balanceakte und Berührungen. Bei der Erschaffung der plastischen Collagen spielen Sichtbarkeit, Überlagerung und Verdeckung eine zentrale Rolle. Wie verhalten sich Form, Farbe und Raum zueinander, welche Elemente sind vorhanden, aber nicht sichtbar? Anne Pruy schafft in ihren Arbeiten Bilder und eine eigene Formwirklichkeit, die sie aus dem Beobachteten und Gesehenen ableitet. (→ S. 168)

Anne Pruy's series of works *Verflechtungen (Intertwinings)* and *Flussabwärts* (*Down river*) consists of large-format, plastic collages made from enamel and steel that are combined to create irregular wall objects. With their strong colouration, they have a drawing-like effect in spaces and at the same time, feature a fleeting, loose colour application. Their apparent lightness and painterly style are in stark contrast to the heaviness of the machined steel and demanding work at the enamelling oven. The play of colours and shapes makes the abstract tableaux glow. The meeting of the forms leads to dialogue, balancing acts, and tangency. When the plastic collages were created, the artist focussed on visibility, overlapping, and concealment. How do the forms, colours, and space relate to each other and what elements are present but invisible? In her works, Anne Pruy creates images and a personal reality of form that she derives from observing and seeing. (→ p. 168)

Anne Pruy
Verflechtungen und *Flussabwärts*

Studienrichtung
Schmuck

Betreuung
Prof. Michael Jäger,
Prof. Caroline Achaintre
und Dr. Ana Hupe

Anne Pruy
Verflechtungen and *Flussabwärts*

Study programme
Jewellery

Supervision
Prof. Michael Jäger,
Prof. Caroline Achaintre
and Dr Ana Hupe

← *Hair of the Dog* und/and *Tischtier*, Fern Liberty Kallenbach Campbell, 2023

↓→ *Tischtier* Fern Liberty Kallenbach Campbell, 2023

←→ *Hair of the Dog*
Fern Liberty Kallenbach Campbell, 2023

↓ *Tischtier*
Fern Liberty Kallenbach Campbell, 2023

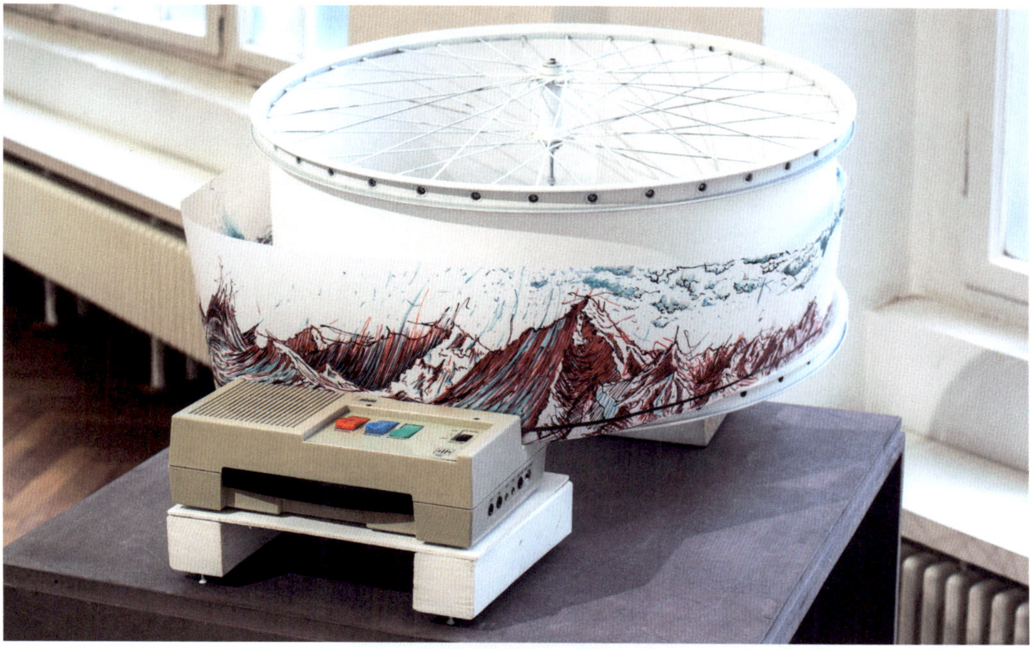

←↑ *Beyond the Sea*
Eleonora E. Damme, 2023

→ *Mutterseelenallein*
Eleonora E. Damme, 2023

←↓→ *Schlaff & Schlackern*
Elisabeth Otto, 2023

← *Verflechtungen*
und/and *Flussabwärts*
Anne Pruy, 2023

→ *Verflechtungen*
Anne Pruy, 2023

↓ *Flussabwärts*
Anne Pruy, 2023

03.–14.02.

Burg-Rektorin und Leiter des International Office zu Besuch in Kuba

Prof. Bettina Erzgräber, Rektorin der BURG, und Bernhard Frank Lange, Leiter des International Office der BURG, reisen zum Kongress *Universidad 2024* in Havanna und tauschen sich mit Vertreter*innen der kubanischen Hochschullandschaft und des DAADs aus.

Burg-rector and head of the International Office visit Cuba

Prof. Bettina Erzgräber, the rector of BURG, and Bernhard Frank Lange, head of BURG's International Office travelled to the conference *Universidad 2024* in Havana and exchanged information with representatives of the Cuban university landscape and the German Academic Exchange Service (DAAD).

04.–07.02.

Studienrichtung Buchkunst auf Codex Artist Book Fair in Berkeley, Kalifornien

Unter der Leitung von Prof. Sabine Golde zeigen Studierende der Studienrichtung Buchkunst einem internationalen Publikum aktuelle Arbeiten auf der weltweit größten Künstler*innen-Buchmesse

Book Art study programme at Codex Artist Book Fair in Berkeley, California

Under the supervision of Prof. Sabine Golde, students from BURG in the Book Art study programme showed their current work to an international audience at the world's largest art book trade fair.

07.02.

Stellungnahme zum Rassismus-Vorwurf

Nach Bekanntwerden eines Rassismusvorwurfs gegen eine Professorin, wurde an der Hochschule umgehend die seit 2016 bestehende Senatskommission zum Schutz vor Benachteiligung eingeschaltet und eine Untersuchung eingeleitet. In einer Senatssitzung sowie einer Vollversammlung der Studierenden, zu der auch Lehrende und Mitarbeiter*innen eingeladen sind, findet ein respektvoller Austausch zwischen allen Statusgruppen zum Umgang mit Diversität, Diskriminierung und Rassismus statt. Im Zuge dessen wurde eine unabhängige Anlaufstelle für Diskriminierungsfälle eingerichtet. Zu Beginn des Sommersemesters startete zudem eine öffentliche Sonderreihe im Rahmen des wöchentlich stattfindenden Jour Fixes, die Antidiskriminierung und machtkritische Prozesse an der Burg Giebichenstein Kunsthochschule Halle fördern soll.

Statement on an accusation of racism

After a professor was accused of racism and this was made public, a Senate committee for protection against discrimination that has existed at BURG since 2016 was consulted and an investigation initiated. In a Senate meeting and a general assembly of students to which teachers and employees were also invited, all status groups respectfully discussed how to handle diversity, discrimination and racism. Soon after that, an independent contact point for cases of discrimination was set up. At the beginning of the summer semester, a special public series aimed at antidiscrimination and processes that are critical of power asymmetries at Burg Giebichenstein University of Art and Desig Halle kicked off as part of the weekly Jour Fixe.

09.–18.02.

Cloud of Grass – Ausstellung der Studienrichtung Textile Künste der BURG

14 Studierende der Studienrichtung Textile Künste wurden vom Verein zur Förderung von Kunst und Kultur am Rosa-Luxemburg-Platz e.V. in Berlin eingeladen, ihre Werke vor Ort zu präsentieren.

Cloud of Grass – Exhibition of the Textile Arts study programme at BURG

Fourteen students from the Textile Arts study programme were invited by the Association for the Promotion of Art and Culture on Rosa-Luxemburg-Platz e.V. to show their work in the exhibition space in Berlin.

21.02.

Neues Meldetool der Gleichstellung ist online

Das Gleichstellungsbüro der BURG führt ein neues Online-Tool ein, mit dem Fälle von Diskriminierung, Machtmissbrauch, sexuelle Übergriffe und Ähnliches, auch anonym, gemeldet werden können. Das Angebot ist eine weitere, wichtige Maßnahme um ein sicheres und respektvolles Arbeitsumfeld zu ermöglichen.

New equality reporting tool goes live

The Equality Office at BURG implemented a new online tool for reporting cases of discrimination, abuse of power, sexual assaults, etc. – even anonymously. The new tool is a further important measure for enabling a safe, respectful work environment.

22.02.

Burg-Alumni entwerfen Gedenkstele für historische Demokratiebewegung

Im Rahmen des 100-jährigen Jubiläums des *Reichsbanners* wurde auf dem Magdeburger Domplatz die erste von bis zu 10 Gedenktafeln feierlich eingeweiht. Entworfen wurde die Gedenktstele von Valentina Schuster und Tamara Siewerte, Alumni der Studienrichtung Kommunikationsdesign, im Rahmen eines Seminars zum Thema *Fragile Demokratie* der ehemaligen Professorin für Kommunikationsdesign, Anna Berkenbusch, in 2018.

Burg alumni design memorial stele for historic democracy movement

As part of the 100-year anniversary of the *Reichsbanner*, an organisation formed during the Weimar Republic to protect the German parliamentary democracy, the first of up to 10 memorial plaques was solemnly inaugurated on Domplatz Square in Magdeburg. The memorial stele was designed by Valentina Schuster and Tamara Siewerte, alumnae of the Communication Design study programme, as part of a seminar on *Fragile democracy* held in 2018 by the former professor for communication design, Anna Berkenbusch.

28.03.

Podcast-Folge mit Prof. Evelyn Sitter und Prof. Lars Paschke

In der 74. Folge des Hurra Hurra Design-Podcasts der BURG sind die Modedesign-Professor*innen Evelyn Sitter und Lars Paschke zu Gast. Sie thematisieren Erfahrungen aus der eigenen Ausbildung und Anforderungen an eine (Neu-)Gestaltung der Lehre. Moderiert wird die Folge von Christian Zöllner, Professor für Industrial Design/Gestaltung in digitalen Kontexten an der BURG.

Podcast episode with Prof. Evelyn Sitter and Prof. Lars Paschke

In the 74th episode of the Hurra Hurra Design podcast of BURG, the guests were fashion design professors Evelyn Sitter and Lars Paschke. They talked about their experiences in their own training and requirements for a redesign of teaching. The episode was moderated by Christian Zöllner, professor for industrial design/design in digital contexts at BURG.

02.04.

Jour Fixe: Thomas Kilpper zu Gast

Thomas Kilpper spricht über seine Arbeit als Künstler, in der er den Raum sozialer Widersprüche und politischer Konflikte reflektiert. Ihn interessiert dabei vor allem die Kunst als Mittel um auf Emanzipations- und Demokratisierungsprozesse sowie ihre Gegenbewegungen hinzuweisen.

Jour Fixe: Thomas Kilpper visits BURG

Thomas Kilpper talked about his work as an artist in which he reflects upon the space around social contradictions and political conflicts. He is primarily interested in art as a means of pointing out emancipatory and democratisation processes and their countermovements.

NAVIGATING
STRANGENESS
Arbeiten zum Thema Fremd(-) aus Kunst und Desig
Works from Art and Design about encountering the "foreign"

Sommersemester 2024

11.04.–26.05.

Navigating Strangeness – Arbeiten zum Thema Fremd(–) aus Kunst und Design. Abschließende Ausstellung im Rahmen der thematischen Reihe ABC

In der die Reihe ABC abschließenden Ausstellung *Navigating Strangeness* wurde in der Burg Galerie im Volkspark vom 11. April bis 26. Mai 2024 die Wahrnehmung und Konstruktion des Phänomens *F für Fremd(–)* auf verschiedenen Ebenen untersucht. Im Begriffsumfeld von Fremd stehen Varianten wie Fremdsein, Fremdwahrnehmung, Fremdkörper, Fremdzuschreibung oder Entfremdung. Aus verschiedenen Perspektiven stellten die Ausstellenden Bezüge zu dem Fremden oder der Fremde her, dem oder der wir alltäglich begegnen. Das Unbekannte kann am eigenen Körper beginnen und Fragen nach dessen Zuschreibung, nach Zugehörigkeit und Ausgrenzungsmechanismen hervorrufen. Doch auch im vermeintlich vertrauten Zuhause ist man nicht immer sicher vor dem Sich-fremd-fühlen, umso mehr, wenn das Zuhause durch Flucht und Krieg verloren wird. Fremdheit in den zwischenmenschlichen Beziehungen wurde von den Studierenden genauso untersucht wie die imaginierten oder tatsächlichen Entdeckungen auf Reisen in fremde Länder oder die Erkundung der nur vermeintlich bekannten Umgebung.

Dieser Prozess des Kennenlernens begann bei Johanna Koepe während des künstlerischen Arbeitsprozesses. Sie arbeitete mit Schrenzpapier, einem Recyclingmaterial, das für Verpackungen verwendet wird. Der Formprozess eröffnete der Künstlerin Momente, die überraschen: Woher kommt die Form? War sie schon in ihr angelegt oder ist sie etwas Neues? Etwas, was ihr selbst nicht bekannt war? Später, mit größerem Abstand, begegnete die Künstlerin ihrer großformatigen plastischen Arbeit wie einem *Wesen* aus einer anderen Welt.

Ruth Pietschmann hingegen setzte sich mit dem textilen Muster der Camouflage auseinander. Wie kann ein solches Muster des Verfremdens, einst als Tarnung

Summer semester 2024

Navigating Strangeness – Works from Art and Design about encountering the “foreign”. Final exhibition as part of the thematic series ABC

In *Navigating Strangeness*, the final exhibition of the ABC series in Burg Gallery in the Volkspark from 11 April – 26 May, 2024, the perception and structure of the phenomenon *F für Fremd(–)* (F stands for foreign) was examined at different levels. The German word for “foreign” is *“Fremd”*, and this word appears in many compound words like *Fremdsein* (foreignness), *Fremdwahrnehmung* (perception of others), *Fremdkörper* (foreign body), *Fremdzuschreibung* (labelling by others) and *Entfremdung* (alienation). From different perspectives, the exhibitors established references to the foreign, unfamiliar, external, alien, different, and strange that we encounter in everyday life. The unfamiliar can begin at our own body and evoke questions about its attribution, affiliation and mechanisms of exclusion. But at home, which is supposedly familiar, we are not always protected against feeling foreign – even more so if our home has been lost due to war and flight. The students examined foreignness in interpersonal relationships, as well as imaginary or actual discoveries on travels in foreign countries or explorations in their allegedly familiar environment.

For Johanna Koepe, this process of familiarization began during the artistic working process. Her medium was grey bogus paper, a recycling material used for packaging. The forming process initiated moments that surprised the artist: Where did the form come from? Was it already part of her, or was it something new? Something that she had not been aware of? Later, from a greater distance, the artist encountered her large-scale, plastic work as if it was a *creature* from a different world.

Ruth Pietschmann, on the other hand, examined a textile pattern: camouflage. How can a pattern of alienation that was once developed as a disguise for soldiers at war be considered in the context of fashion? Pietschmann’s point of departure was

für den Krieg entwickelt, im Kontext der Mode reflektiert werden? Pietschmanns Ausgangspunkt war seine Wirkungsweise: Eine Uniform in Tarnfarben soll das Gefühl vermitteln, durch scheinbare Verschmelzung mit der Umgebung unsichtbar zu werden. Jedoch wird Camouflage nicht nur im Krieg angewendet, die Grenzen zum Frieden sind durchlässig geworden. Durch die überzeichnete Silhouette verband ihr Entwurf Fremdheit und Entfremdung zugleich.

Louisa Pieper wiederum zeigte Bilder aus ihrem Werkzyklus *Hearing Antagonists*, in dem sie das Thema Behinderung aus persönlicher Erfahrung behandelt. Menschen mit Behinderung sind in ihrem Leben damit konfrontiert, dass andere darüber entscheiden, was notwendig und angemessen für ihre Integration ist. Aus der Fremdwahrnehmung kann jedoch resultieren, dass einfache Probleme nicht erkannt werden. In der Serie setzte die Künstlerin solche Alltagsobjekte malerisch in Szene, die Hörgeräte beeinflussen oder zerstören können, wie Wasserpistolen oder ein Föhn. Die Störverursacher entfalten ein ungeahntes Eigenleben – mittels intensiver Farbigkeit und geformt durch einen heftigen Pinselduktus.

Zum fünften und letzten Mal hatte die Burg Galerie im Volkspark innerhalb der Ausstellungsreihe *ABC* mit *F für Fremd(-)* einen Open Call für Studierende ausgeschrieben. Ziel der eingereichten künstlerischen Arbeiten war es, sich fachbereichsübergreifend intensiv mit dem Thema und seiner Aktualität aus der Perspektive von Kunst, Design und Gesellschaft auseinanderzusetzen. Als Gegenbild zur Distanznahme gegenüber dem Fremden schaffte die Inszenierung der Ausstellung Räume der Annäherung, des Nachdenkens, Zuhörens und des Gespräches. Denn das Fremde bleibt nur fremd, bis wir uns damit vertraut machen.

its mode of action: a uniform in camouflage colours should convey the feeling of becoming invisible by appearing to melt into the surrounding environment. However, camouflage is not only used during war: the boundaries to peace have become permeable. Through the overdrawn silhouettes, her design connected foreignness and alienation.

Louisa Pieper on the other hand, showed paintings from her cycle of works *Hearing Antagonists*, in which her treatment of disabilities is rooted in personal experience. People with disabilities have to deal with other people deciding what is necessary and appropriate for their integration. However, relying on the perception of others can result in simple problems remaining undetected. In the series of paintings, the artist sets everyday objects that could influence or destroy a hearing aid, like water pistols or a hair drier, in scene. The troublemakers develop an undreamt of life of their own – by means of intense colours and shaped by a vehement brush style.

For the fifth and last time, with *F für Fremd(-)* the Burg Gallery in the Volkspark issued an open call for students within the exhibition series *ABC*. The artworks submitted aimed to closely examine the theme and its topicality in an interdisciplinary manner from the perspectives of art, design, and society. As an alternative to maintaining distance in the face of strangeness, the exhibition offered spaces for approach, contemplation, listening, and conversation. After all, the unfamiliar remains unfamiliar until we become familiar with it.

→ *Navigating Strangeness*, 2024
Blick in die Ausstellung
Exhibition view

Navigating Strangeness – Arbeiten aus Kunst und Design der BURG und Gastbeiträge

Ausstellungsdauer:
11. April bis 26. Mai 2024

Ausstellungsort:
Burg Galerie im Volkspark, Schleifweg 8a, 06114 Halle (Saale)

Ausstellende:
Luise von Cossart, Hannah Eckinger, Lore Elstermann, Vanessa Hartmann, Mattis Heilscher, Nina Hopf, Inseok Hwang, Luca Japkinas, Annika Kausch und Wiebke Lendewig, Hyesun Kim, David Kind, Julia Klenovsky, Johanna Koepe, Johann Kogge, Samuel Kok in Zusammenarbeit mit Jens Schabbach, Mingren Li, Leon Meschede und Seoyeon Ha, Louisa Pieper, Ruth Pietschmann, Kai Ruhland, Josefine T. Schmidt, Gesa Wagner, Joanna Zvonar

Gastkünstler:
Raisan Hameed (Leipzig)

Kuratiert von:
Dr. Jule Reuter, Kuratorin der Burg Galerie am Volkspark, in Zusammenarbeit mit Leona Blum

Navigating Strangeness – Works from Art and Design at BURG and a guest artist

Exhibition duration:
11 April – 26 May 2024

Exhibition venue:
Burg Gallery in the Volkspark, Schleifweg 8a, 06114 Halle

Exhibitors:
Luise von Cossart, Hannah Eckinger, Lore Elstermann, Vanessa Hartmann, Mattis Heilscher, Nina Hopf, Inseok Hwang, Luca Japkinas, Annika Kausch and Wiebke Lendewig, Hyesun Kim, David Kind, Julia Klenovsky, Johanna Koepe, Johann Kogge, Samuel Kok in collaboration with Jens Schabbach, Mingren Li, Leon Meschede and Seoyeon Ha, Louisa Pieper, Ruth Pietschmann, Kai Ruhland, Josefine T. Schmidt, Gesa Wagner, Joanna Zvonar

Guest artist:
Raisan Hameed (Leipzig)

Curated by:
Dr Jule Reuter, curator of Burg Gallery in the Volkspark, in collaboration with Leona Blum

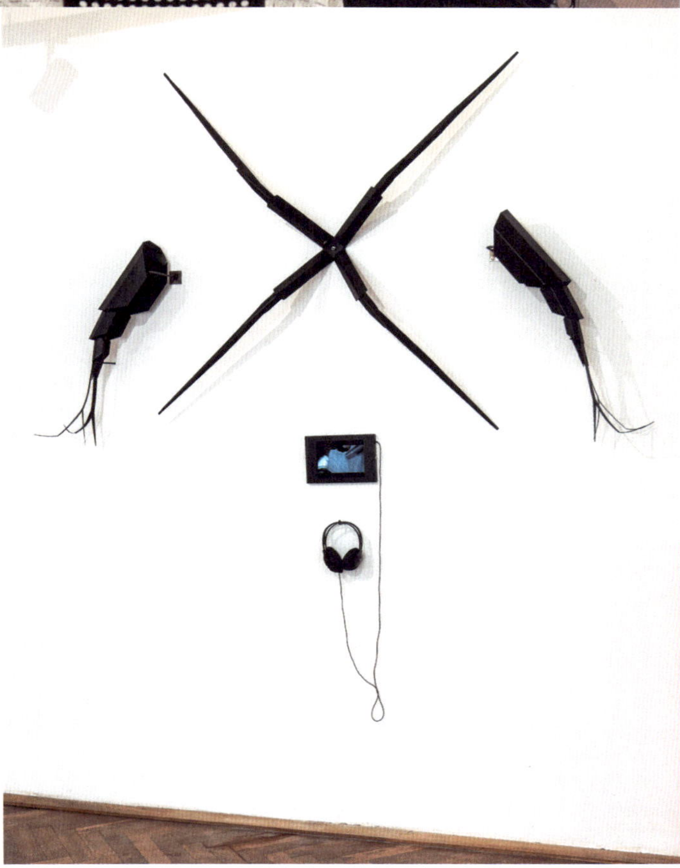

← *Wesen II*
Johanna Koeppe, 2023

↑ *Navigating Strangeness*, 2024
Blick in die Ausstellung
Exhibition view

→ *XERODERMA*
Samuel Kok
in Zusammenarbeit mit
in collaboration with
Jens Schabbach

↑ *too chill too kill*
Ruth Pietschmann, 2023

↖ *Der Blick*
Hyesun Kim, 2023

← *Beim Kehren fremder Böden gefundene Nägel*
Heilscher Mattis, 2023/24

↑ *Navigating Strangeness*, 2024
Blick in die Ausstellung
Exhibition view

→ *Freund*innenschaft*
Hyesun Kim, 2023

16.–21.04.

Die BURG auf der Milan Design Week

BURG at Milan Design Week

Bei der diesjährigen Mailänder Möbelmesse werden fünf Arbeiten von Studierenden und Absolvent*innen der BURG aus Industriedesign, Innenarchitektur, Produktdesign/Keramik- und Glasdesign unter dem Titel *BURG SHOWS: TRANSFORMATIONS* vorgestellt.

At this year's Milan Furniture Fair, five works of students and alumni from the Industrial Design, Interior Architecture, Product Design/Ceramic and glass design study programmes at BURG were exhibited under the title *BURG SHOWS: TRANSFORMATIONS*.

22.04.

Christina Brinkmann spricht über die BURG in der NS-Zeit

Christina Brinkmann talks about BURG in the Nazi era

Im Vortrag *Die BURG eine Insel? Zur Geschichte der Kunstgewerbeschule Burg Giebichenstein in der NS-Zeit* im Rahmen der Ausstellung *Navigating Strangeness* analysiert Christina Brinkmann, wissenschaftliche Mitarbeiterin der Kunstwissenschaften, die politische Beeinflussung der BURG während der Zeit des Nationalsozialismus.

In her lecture *Die BURG eine Insel? Zur Geschichte der Kunstgewerbeschule Burg Giebichenstein in der NS-Zeit* (BURG as an island? On the history of the school of the applied arts Burg Giebichenstein in the Nazi era) the as part of the exhibition *Navigating Strangeness*, Christina Brinkmann, a scientific assistant in Art Sciences, analysed how BURG was politically influenced during the Nazi era.

28.04.

Studienrichtung Buchkunst präsentiert sich in Köln

Book Arts study programme exhibits in Cologne

In gleich zwei Ausstellungen ist die Studienrichtung Buchkunst in Köln vertreten: in der Museumsbibliothek im Rahmen der Ausstellung *books, books, books* sind Arbeiten der Studierenden zu sehen. Parallel dazu findet die 12. *Editionale* statt, bei der Burg-Studierende sowie Student*innen der Hochschule für Künste Bremen und der Folkwang Universität der Künste Essen aktuelle Projekte präsentieren.

In two exhibitions, the Book Arts study programme was represented in Cologne: works of the students were on view in the museum library as part of the exhibition *books, books, books*. In parallel, the 12th *Editionale*, in which BURG students and students of University of the Arts Bremen and Folkwang University of the Arts presented their current projects, took place.

04.05.

Museumsnacht Halle/Leipzig 2024 in der Burg Galerie

2024 Museum Night Halle and Leipzig in Burg Gallery in the Volkspark

Mit zwei Veranstaltungen innerhalb der Themen-Ausstellung *F für Fremd(-)* nimmt die BURG an der Museumsnacht Halle/Leipzig teil: *Eine Frage des Geschmacks?*, unter Begleitung der *Intercultural Kitchen* der BURG, ermutigt Besucher*innen fremde Geschmackserfahrungen zu machen. Zudem geben Dr. Jule Reuter, Leona Blum und Christina Brinkmann seltene Einblicke in die Sammlung der BURG unter dem Titel *Unsere fremde Vergangenheit?*

With two events within the exhibition themed *F für Fremd(-)* (F stands for foreign), BURG took part in Museum Night Halle and Leipzig. In *Eine Frage des Geschmacks?* (A matter of taste?) accompanied by the *Intercultural Kitchen* at BURG, visitors were encouraged to experience foreign flavours. Dr Jule Reuter, Leona Blum and Christina Brinkmann also provided rare insights into the BURG collection under the title *Unsere fremde Vergangenheit?* (Our distant past?).

07.05.

NEUWERK #10 erschienen

NEUWERK #10 published

Die zehnte Ausgabe des *NEUWERK – Magazin für die Designwissenschaften* erscheint in Zusammenarbeit der Masterstudiengänge Design Studies und Kommunikationswissenschaften. Die Jubiläumsausgabe versammelt künstlerische, gestalterische, sowie wissenschaftliche Perspektiven auf das Thema BLACKOUT.

The 10th issue of *NEUWERK – Magazin für die Designwissenschaften* was published in collaboration with the Design Studies and Communication Sciences master's programmes. The anniversary issue compiled artistic, design-related and scientific perspectives on the topic BLACKOUT.

09.–12.05.

Studienrichtung Textildesign zu Gast auf dem Werkhof Kukate

Textile Design study programme visits Werkhof Kukate

Unter dem Titel *Textile Perspektiven – Vom Studium bis zur Selbstständigkeit* präsentiert die Studienrichtung Textildesign ihre Arbeiten im Rahmen der *Kulturellen Landpartie 2024* in Waddeweitz. Zu sehen sind Webprojekte von Studierenden ab dem 2. Studienjahr sowie Bachelor- und Masterabschlussarbeiten, die sich vornehmlich mit textilen Kreisläufen, natürlichen Materialien und dem nachhaltigen Umgang mit Textilien befassen.

Under the title *Textile Perspektiven – Vom Studium bis zur Selbstständigkeit* (Textile outlook – From studying to self-employment), the Textile Design study programme presented works as part of the *Kulturellen Landpartie 2024* (Cultural country excursions) in Waddeweitz. Weaving projects from students from the second year of studies and bachelor's and master's theses, which primarily examine circular textile flows, natural materials and dealing with textiles sustainably were on view.

11.–19.05.

Nutzungspartnerschaften und Begegnungen

Nutzungspartnerschaften und Begegnungen

Unter der Leitung von Prof. Dr. Nike Bätzner, Burg-Professorin für Kunstgeschichte, beteiligen sich Studierende aus dem Fachbereich Kunst und des Masterstudiengangs Kunstwissenschaften an der Aktionswoche *Nutzungspartnerschaften und Begegnungen* im Kreis Müritz, Mecklenburg-Vorpommern. In einem offenen Prozess entstehen künstlerische Arbeiten in regionalen Kirchen, die bei einer Vernissage des Projekts *KunstOffen* der Öffentlichkeit vorgestellt werden.

Under the direction of Prof. Dr Nike Bätzner, a professor of art history at BURG, students from the Art Faculty and Art Sciences master's programme participated in the action week *Nutzungspartnerschaften und Begegnungen* (Use partnerships and encounters) in the Müritz district of Mecklenburg-Western Pomerania. In an open process, artistic works were created in regional churches and presented to the public at the vernissage of the project *KunstOffen* (ArtOpen).

15.05.

Talking Material: Beton und Frottierhandtuch

Talking Material: Concrete and terry towel

Die Burg-Studierenden Theresa Fuchs und Susann Richter sprechen in der Reihe *Talking Material* über ihre Arbeiten mit Beton und Frottierhandtüchern. In der Gesprächsreihe geben Kunststudierende über das Material ihrer künstlerischen Arbeit Auskunft.

The BURG students Theresa Fuchs and Susann Richter talked about their works with concrete and terry towels in the *Talking Material* series. In this series of talks, art students provide information about the materials they work with.

21.05.

Jour Fixe: Anna Sabel mit *Was wäre das für eine Geschichte?*

Regisseurin Anna Sabel stellt ihren Dokumentarfilm *Was wäre das für eine Geschichte?* vor, der sowohl Herausforderungen, als auch Empowerment marginalisierter und rassifizierter Personen am Theater beleuchtet. Diese Veranstaltung ist die erste von vier Veranstaltungen im Sommersemester zur Förderung von Antidiskriminierung und machtkritischen Prozessen an der BURG, organisiert von einer Arbeitsgruppe, die sich Ende 2023 an der BURG gegründet hat.

Jour Fixe: Anna Sabel with *Was wäre das für eine Geschichte?*

The director Anna Sabel presented her documentary film *Was wäre das für eine Geschichte?* (What kind of story would that be?) about the challenges and empowerment of marginalized and racialised people in the theatre. This event is the first of four aimed at supporting anti-discrimination and processes that are critical of power asymmetries at BURG, organised by a Burg task force established at the end of 2023.

22.05.

Neuer gemeinsamer Masterstudiengang der BURG und der MLU

Ab dem Wintersemester 2024/25 bieten die BURG und die Martin-Luther Universität Halle-Wittenberg gemeinsam den neuen Masterstudiengang „Lehramt Kunst“ an. Der viersemestrige Studiengang qualifiziert Absolvent*innen künstlerisch-gestalterischer Studiengänge für das künstlerische Lehramt an Gymnasien. Der Masterstudiengang ist fachdidaktisch, bildungs- und fachwissenschaftlich sowie an schulischer Praxis orientiert. Der Masterstudiengang zeichnet sich durch eine starke theoretische Fundierung mit gleichzeitiger Praxisorientierung im schulischen Feld aus. Kunstpädagogische Konzepte und Methoden werden in Seminaren rezipiert, erprobt und reflektiert und kommen in schulpraktischen Übungen und Praktika zur Anwendung. Das breite Spektrum künstlerisch-gestalterischer Praxis in Kunst und Design erlaubt eine Erweiterung und Vertiefung bereits im vorherigen Studium erlangter Fähigkeiten und Fertigkeiten.

New joint master's programme: BURG + MLU

From winter semester 2024/25, BURG and Martin Luther University of Halle-Wittenberg (MLU) will offer a new, joint master's programme: Art (teaching degree). The four-semester programme qualifies graduates of art- or design-related study programmes to teach art in secondary schools. he master's programme features a strong theoretical foundation with a practical orientation in the school environment. Art educational concepts and methods are taken up, tried out and reflected upon in seminars, and are applied in school-orientated exercises and internships. The broad range of art- and design-related practice invites enhancement of the skills and abilities acquired in undergraduate study programmes.

27.–31.05.

Spiel- und Lerndesign-Studierende zeigen Plakate im Spielzeugmuseum Seiffen

In der Sonderausstellung *Tradition neu Denken – 4 Jahre DENKSTATT* sind Plakate zu sehen, die im Rahmen der methodischen Gestaltungsübung *Von der Hand in den Mund* der Studienrichtung Spiel- und Lerndesign im Wintersemester 2023/2024 entstanden sind.

Design of Playing and Learning-students exhibit posters in the Seiffen Toy Museum

In the special exhibition *Tradition neu Denken – 4 Jahre DENKSTATT* (Rethinking tradition – 4 years of DENKSTATT) posters that were created as part of the methodological design exercises *Von der Hand in den Mund* (From hand to mouth) of the Design of playing and learning study programme in winter semester 2023/2024 are on view.

28.05.

Jour Fixe: Gastprofessor Sandy Kaltenborn über Gestalten im sozialen Handgemenge

Der Kommunikationsdesigner und Gastprofessor spricht über die Rolle gestalterischer Praxis im Rahmen gesellschaftspolitischer Konflikte: Mit der Initiative *Kotti & Co.* engagiert sich Sandy Kaltenborn stadtentwicklungspolitisch, antirassistisch und auch migrationspolitisch im Kontext des sozialen Wohnungsbaus in Berlin.

Jour Fixe: Guest Professor Sandy Kaltenborn on Gestalten im sozialen Handgemenge

The communication designer and guest professor talks about the role of design practice as part of sociopolitical conflicts. With the initiative *Kotti & Co.*, Sandy Kaltenborn is involved with urban development policy, anti-racism and migration policy in the context of public housing in Berlin.

29.–31.05.

Kunstpädagogisches Symposium zu Lehre und Forschung an der BURG

Konzipiert von Prof. Dr. Sara Burkhardt und dem Team der Professur für Kunstpädagogik und Kunstdidaktik findet in der Burg Galerie im Volkspark das kunstpädagogische Symposium *Was war. Was ist. Was werden kann …* statt, das die kunstpädagogische Lehre und Forschung an der BURG ins Zentrum rückt. Insbesondere die Verknüpfung von Kunstunterricht und Ausstellungen wird durch Impulse von Expert*innen und Gesprächsrunden thematisiert. Verschiedene räumliche Elemente laden schließlich zu Diskussionen, Interaktionen, Lesungen, Texterstellung und Materialerkundungen zwischen Studierenden, Lehrenden, Alumni und Gästen ein.

Art education symposium on teaching and research at BURG

Designed by Prof. Dr Sara Burkhardt and the team of the professor for art pedagogy and art didactics, the art education symposium Was war. *Was ist. Was werden kann…* (What was. What is. What might be…) took place in Burg Gallery in the Volkspark. The symposium focussed on art education and research at BURG. In particular, the link between art lessons and exhibitions became a topic of expert talks and discussion groups. Various spatial elements invited the students, teachers, alumni and guests to discussions, interactions, readings, text creation and material explorations.

30.05.–02.06.

Die BURG auf dem Comic Salon in Erlangen

Auf dem diesjährigen Internationalen Comic Salon Erlangen präsentieren Studierende des Bachelor-Studiengangs Kommunikationsdesign/Illustration und des Master-Studiengang Visual Strategies and Stories aktuelle grafische Arbeiten, die betreut durch Prof. Georg Barber, entstanden sind.

BURG at Comic Salon in Erlangen

At this year's international Comic Salon Erlangen, students of the Communication Design/Illustration bachelor's programme and Visual Strategies and Stories master's programme presented current graphical works they created under the supervision of Prof. Georg Barber.

DIE HOCHSCHULE IST KEIN FLIESSBAND

THE UNIVERSITY IS NOT AN ASSEMBLY LINE

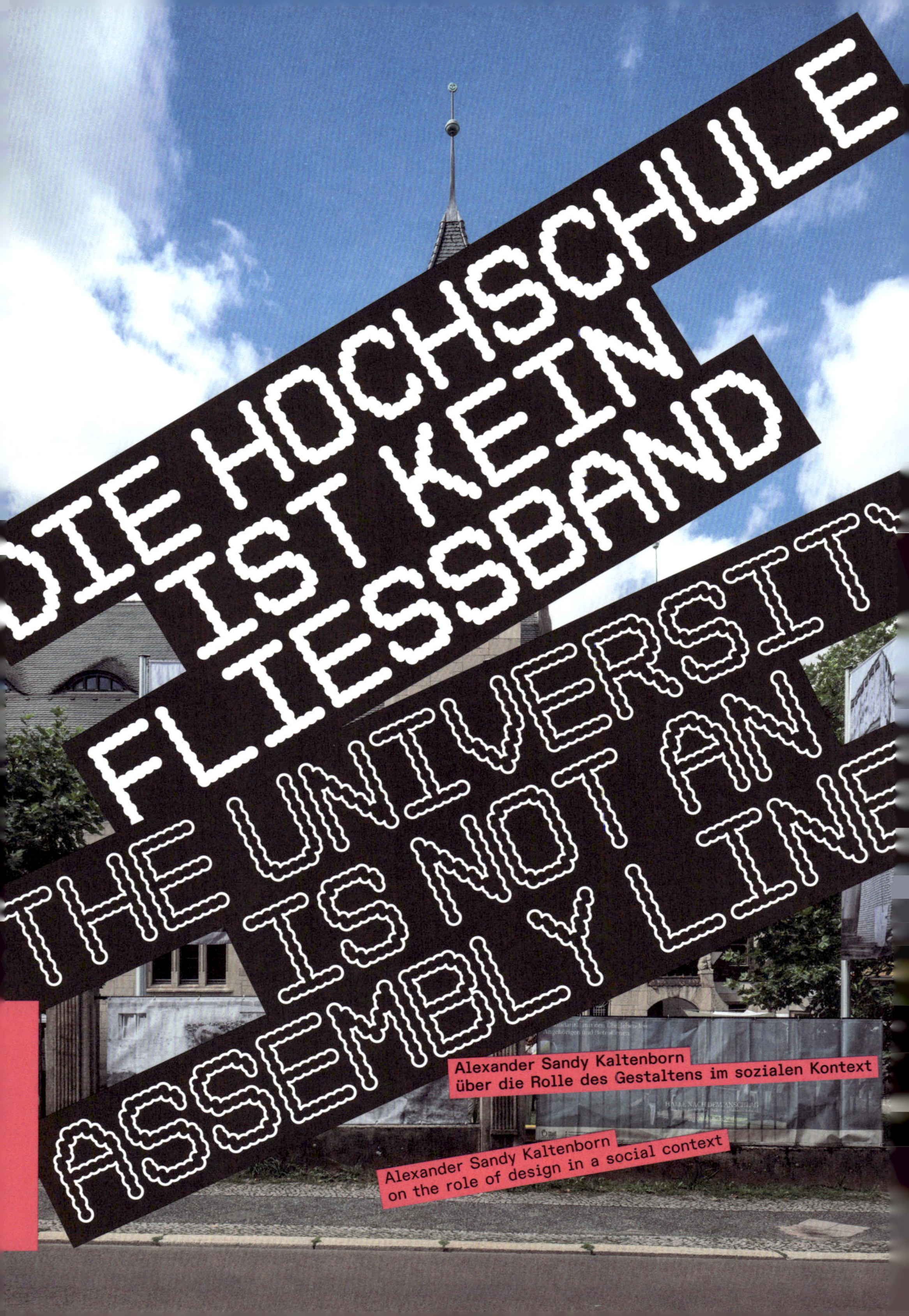

Alexander Sandy Kaltenborn
über die Rolle des Gestaltens im sozialen Kontext

Alexander Sandy Kaltenborn
on the role of design in a social context

28.05.

Die Hochschule ist kein Fließband.
Alexander Sandy Kaltenborn über die Rolle des Gestaltens im sozialen Kontext.

Es ist das Wochenende nach der Jahresausstellung an der BURG. Ein ehemaliger Kommilitone und Kollege von mir ist aus Amsterdam angereist und wie jedes Jahr schauen wir uns Jahresausstellungen an Kunsthochschulen in Berlin und anderen Standorten gemeinsam an. Am Abend sitzen wir auf meinem Balkon über dem Himmel Berlins – eine laue Sommernacht – und Ruben erzählt von einem verstörenden Vorfall, den er kürzlich an einer Kunsthochschule in den Niederlanden erlebt hat: Eine Studierende hatte persönliche Probleme und Ruben hatte sie in Gesprächen unterstützt, sich wieder zu fangen. In der Folge trat die Hochschulleitung an ihn heran mit der Aussage, dass dies nicht seine Aufgabe sei. Er möge es unterlassen – die Lehre müsse sich auf das Vermitteln von fachspezifischem Wissen fokussieren. Es sei eine technisch-fachliche Ausbildung, die die Hochschule ihrem Selbstverständnis nach als ihren Auftrag begreift, und er möge doch bitte keine Kapazitäten darauf verwenden, Studierenden auf persönlicher Ebene zu begegnen. Wir sind empört. Wie kann man in der Lehre die gestalteri sche Arbeit von den Menschen trennen, die diese praktizieren? Sicherlich, Lehrende sind keine Psycholog∗innen und für schwere Fälle gibt es Profis. Auch an der BURG.

Es geht in unserer Empörung schlicht um ein ganzheitliches, dialogisches Verständnis von Lehre, das die Bedingungen, denen wir als Lehrende und Studierende zusammen unterworfen sind, einschließt. Es geht auch immer um das, was wir im Gepäck haben – biografisch und auch alltäglich –, also weit mehr als unsere aktuellen fachlich-technischen Fähigkeiten. Insbesondere wenn wir das Feld der Kreativität betreten, wird deutlich, dass wir unsere gestalterische Praxis nicht künstlich-technisch von uns als Personen trennen können. Die Hochschule ist kein Fließband.

The University is not an Assembly Line.
Alexander Sandy Kaltenborn on the role of design in a social context.

It is the weekend after the Annual Exhibition at BURG. A former fellow student and colleague of mine has traveled from Amsterdam, and like every year, we are visiting annual exhibitions at art schools in Berlin and other locations together. In the evening, we sit on my balcony above us the sky of Berlin – a mild summer night. Ruben tells us about a disturbing incident he recently experienced at an art school in the Netherlands: A student had personal problems, and Ruben had supported her through conversations to help her regain her footing. Subsequently, the university administration approached him, stating that this was not his responsibility. They asked him to refrain from such actions, saying that teaching should focus on imparting subject-specific knowledge. According to their self-conception, the university's mission is to provide a technical-specialist education, and he should not use his capacities to engage with students on a personal level. We are outraged. How can one separate the creative work from the individuals who practice it in teaching? Certainly, teachers are not psychologists, and there are professionals for serious cases. This is also true at BURG.

Our outrage is simply about a holistic, dialogical understanding of teaching that includes the conditions to which we, as teachers and students, are collectively subjected. It is always about what we carry with us – biographically and in our daily lives – far more than our current technical-specialist skills. Especially when we enter the field of creativity, it becomes clear that we cannot artificially-technically separate our creative practice from ourselves as individuals. The university is not an assembly line.

Students and teachers alike come to the art school with a wide range of starting conditions: a wealth of experiences, desires, and abilities. But we also bring baggage, insecurities, and unresolved conflicts. Some

Studierende als auch Lehrende haben unterschiedliche Ausgangsbedingungen, mit denen sie an die Kunsthochschule kommen, mit einem Reichtum an Erfahrungen, Begehren und Fähigkeiten. Aber auch Ballast, Unsicherheiten und ungelöste Konflikte bringen wir mit. Einige kommen aus gut situierten Verhältnissen und müssen neben dem Studium nicht arbeiten, andere hingegen müssen ihren Unterhalt mit zwei Jobs bestreiten. Wieder andere machen alltägliche Erfahrungen der Differenz und Ausschlüsse, sei es durch strukturellen Rassismus oder andere Machtverhältnisse. Dies nicht zu sehen oder antizipieren zu wollen, verweist auf das eigene Privileg, nicht betroffen zu sein.

Nun so zu tun, als hätte das, was uns zu Menschen macht, nichts mit dem Feld der Lehre zu tun, als könne man die gesellschaftlichen Bedingungen, die uns formen, in der Hochschule ausklammern, ist meines Erachtens mindestens ... schwierig.

Wenn wir Design also nicht nur als technisches und ästhetisches Innovationsfeld begreifen, sondern als ein Feld kultureller Produktion im Sinne von gesellschaftlicher Verhandlung, Vermittlung und Verständnisproduktion, so wird deutlich, dass die Sinnfragen des Designs eng mit den gesellschaftspolitischen und den daraus resultierenden psychosozialen Bedingungen verbunden sind. Die Hochschule ist kein autonomer Planet, sondern immer auch Spiegelbild gesellschaftlicher Verhältnisse, die uns Lehrende und Studierende durchziehen. Daher sollten auch die Konflikte, die wir in uns tragen, weniger als Ablenkung vom „Wesentlichen" begriffen werden, sondern vielmehr als eine Quelle von produktiven Fragestellungen und Problemlösungsbegehren, die jede*r mitbringt – und selbstredend in die gestalterischen Prozesse miteinbringt.

Diese 4747 Zeichen sind daher ein Aufruf, sich verletzlich und unperfekt zu zeigen. Ein Aufruf zur Solidarität, zur Empathie, zur Achtsamkeit, zur produktiven Abhängigkeit, zur Neugier und zum Umarmen der Probleme, Konflikte und des Nichtwissens. Dies ist ein Aufruf gegen die Entfremdung von der Arbeit, die vor uns liegt. Dies ist ein Aufruf, Design als

come from well-situated backgrounds and do not need to work alongside their studies, while others have to support themselves with two jobs. Still, others experience everyday instances of difference and exclusion, whether through structural racism or other power dynamics. To ignore or not anticipate this points to one's own privilege of not being affected.

To pretend that what makes us human has nothing to do with the field of teaching, as if societal conditions that shape us can be excluded in the university, is, in my opinion, at least ... problematic.

If we understand design not only as a technical and aesthetic field of innovation but as a field of cultural production in the sense of societal negotiation, mediation, and understanding production, it becomes clear that the existential questions of design are closely linked to the socio-political and resulting psychosocial conditions. The university is not an autonomous planet but always a reflection of societal conditions that permeate us as teachers and students. Therefore, the conflicts we carry within us should be seen less as distractions from the "essential" and more as a source of productive questioning and problem-solving desires that everyone brings – and naturally incorporates into the creative processes.

These 4327 characters are therefore a call to show vulnerability and imperfection. A call for solidarity, empathy, mindfulness, productive dependency, curiosity, and embracing problems, conflicts, and not-knowing. This is a call against the alienation from the work that lies ahead of us. This is a call to design as a holistic and also (psycho-)socially sustainable societal project in contrast to the technical market-oriented nature of our actions. And what do these lines or thoughts have to do with the other contents you will find in this yearbook? Well, I hereby trustingly place this question in your synapses as you turn the page. Bon voyage.

ein ganzheitliches und auch (psycho-)sozial nachhaltiges gesellschaftliches Projekt im Kontrast zur technischen Marktförmigkeit unseres Tuns zu gestalten. Und was diese Zeilen bzw. Gedanken mit den anderen Inhalten, die Sie hier im Jahrbuch vorfinden, zu tun haben? Nun, diese Frage lege ich hiermit vertrauensvoll in Ihre Synapsen, während Sie gleich umblättern. Gute Reise.

Der Kommunikationsdesigner Alexander Sandy Kaltenborn lehrte im Wintersemester 2023/24 und Sommersemester 2024 als Gastprofessor in der Studiengruppe Informationsdesign (SI) im Studiengang Kommunikationsdesign an der BURG. In seinem Jour-Fixe-Vortrag, der hier über den QR-Code abrufbar ist, sprach er über seinen gesellschaftspolitischen Gestaltungsbegriff und über die Produktivität von (Rassismus-)Konflikten an der BURG.
→www.image-shift.net

QR-Code: Videomitschnitt *Gestalten im sozialen Handgemenge*/Jour Fixe, 28. Mai 2024, BURG

The communication designer Alexander Sandy Kaltenborn taught as a guest professor in Studiengruppe Informationsdesign (SI) in the Communication Design study programme at BURG in the winter semester 2023/24 and the summer semester 2024. In his Jour Fixe lecture, which can be accessed here via the QR code, he spoke about his socio-political concept of design and the productivity of (racism) conflicts at BURG.

QR-Code: Video recording „Gestalten im sozialen Handgemenge" (Designing in the social scuffle)/Jour Fixe, 28 May 2024, BURG

01.–16.06.

Die BURG auf dem Festival OSTEN in Wolfen

Nach der Teilnahme als Netzwerk- und Kooperationspartner in 2022 ist die BURG auch in diesem Jahr auf dem Festival OSTEN vertreten. Kunst- und Design-Studierende und Lehrende aus Kunstpädagogik, Textildesign und den Textilen Künsten präsentieren Ausstellungen, performative Inszenierungen, Redebeiträge sowie kunstpädagogische Spaziergänge rund um das industrielle Erbe und die Kultur des Ostens.

BURG at the OSTEN Festival in Wolfen

After participating as a networking and cooperation partner in 2022, BURG was again represented at the OSTEN Festival this year. Art and design students and teachers from Art Pedagogy, Textile Design and Textile Arts presented exhibitions, performative stagings, talks and art-educational walks around the industrial legacy and culture of East Germany.

03.06.

Das Spiel- und Lerndesign beteiligt sich am *Kulturellen Themenjahr* der Stadt Halle

Im Rahmen des *Kulturellen Themenjahres 2024* der Stadt Halle zum Thema *Komm raus zum Spielen!* präsentieren Studierende Kurzfilme, die innerhalb eines Animationsworkshops der Studienrichtung Spiel- und Lerndesign entstanden sind, im Puschkino Halle. Entwürfe und mobile Spielaktionen, die im Projekt *Design, ein Spiel! – Erleben, mitmachen, zeigen …* entstanden, sind zudem auf dem Lindenblütenfest in den Franckeschen Stiftungen zu sehen.

Design of Playing and Learning participates in the *Kulturellen Themenjahr* of the city of Halle

As part of *Kulturellen Themenjahres 2024* (Year of culture 2024) of the city of Halle, students presented short films in Puschkino Halle. The films around the overarching theme of *Komm raus zum Spielen!* (Come out to play!) were created as part of an animation workshop of the Design of Playing and Learning study programme. Designs and mobile playing activities created in the project *Design, ein Spiel! – Erleben, mitmachen, zeigen…* (Design, a game! – Experience, join in, show us…) were also on view at the Historic Linden Blossom Festival at the Francke Foundations.

09.06.

Burg-Alumni beteiligen sich an Wahlkampagne *#machdeinkreuz*

Die sächsische Künstler*innen-Initiative *kompliz** ruft die Wahlkampagne *#machdeinkreuz* ins Leben, um die Wahlbeteiligung bei der Kommunal- und Europawahl zu erhöhen. Unter den mehr als 40 Künstler*innen sind auch die Burg-Absolvent*innen Franziska Eichhorn, Wiebke Steinert, Maja Behrmann und Nadja Buttendorf vertreten.

Burg alumnae participate in the voting campaign *#machdeinkreuz*

The Saxon artists' initiative *kompliz** initiated the voting campaign *#machdeinkreuz* in order to increase election participation in the municipal and European election. The BURG alumnae Franziska Eichhorn, Wiebke Steinert, Maja Behrmann and Nadja Buttendorf were among the more than 40 participating artists.

09.06.

Ausstellung mit Burg-Studierenden in Köln zum 20. Jahrestag des NSU-Anschlags

Die Burg-Studierenden der Studiengruppe Informationsdesign (SI) aus dem Studiengang Kommunikationsdesign Lena Würsching, Marie Teigler und Volker Buchwald, stellen ihr Projekt *Wo bleibt das Mahnmal an der Keupstraße?* in Köln vor. Die Ausstellung findet anlässlich des 20. Jahrestages des NSU-Nagelbombenanschlags in der Keupstraße in Köln direkt am Ort des Anschlags statt. Die Eröffnung der Ausstellung wurde auch von Bundespräsident Frank-Walter Steinmeier besucht.

Exhibition with BURG students in Cologne on the 20th anniversary of the NSU bombing

Three Burg students in the Information Design (SI) study group, Lena Würsching, Marie Teigler and Volker Buchwald, presented their project *Wo bleibt das Mahnmal an der Keupstraße?* (Why isn't there a memorial in Keupstrasse yet?) in Cologne. The exhibition was held on the site of the National Socialist Underground (NSU) nail bomb attack on Keupstrasse in Cologne to mark the 20th anniversary. President Frank Walter Steinmeier attended the opening of the exhibition.

10.–13.06.

Mode-Studierende auf der Graduate Fashion Week in London

Fashion students at Graduate Fashion Week in London

Die beiden Studierenden des Studiengangs Modedesign, Josephine Kraus und Loris Stephan, präsentieren ihre Bachelor-Kollektionen auf der International Fashion Show einem internationalen Fachpublikum.

Two students in the Fashion Design study programme, Josephine Kraus and Loris Stephan, presented their bachelor's thesis collection to visitors of the international fashion show.

12.06.

Die *BurgLabs* auf dem Biodesign Symposium 2024 in New York

BurgLabs at first Biodesign Symposium in New York City

Die Künstlerischen Mitarbeiter*innen im *BioLab* des Projektes *BurgLabs*, Hannah Kannenberg und Johann Bauerfeind, stellen beim ersten Biodesign-Symposium in New York ihre Tätigkeit in Form eines Videobeitrags vor. Unter anderem sprechen sie über Lehrformate und darüber, wie sich das Thema Biodesign in den Hochschulalltag integriert.

The artistic assistants of the *BioLab* part of the *BurgLabs* project, Hannah Kannenberg and Johann Bauerfeind, presented their job in the form of a video at the first Biodesign Symposium in New York City. They included information on teaching formats and how biodesign is integrated into everyday life at BURG.

12.–15.06.

Die BURG auf der *I Never Read*-Kunstbuchmesse in Basel

BURG at the *I Never Read* art book fair in Basel

Auf der internationalen *I Never Read Art Book Fair* in Basel, die parallel zur Art Basel stattfindet, werden Arbeiten der letzten zwei Jahre von Studierenden der Studienrichtung Buchkunst präsentiert.

At the international *I Never Read art book fair* in Basel, Switzerland, which takes place parallel to Art Basel, works of the past two years by students in the Book Arts study programme were exhibited.

16.06.

Jour Fixe Autorin: Hami Nguyen ist zu Gast

Jour Fixe author Hami Nguyen visits BURG

Im Rahmen der Sonder-Jour-Fixe-Reihe zu Antidiskriminierung und machtkritischen Prozessen liest Hami Nguyen aus ihrem Buch *Das Ende der Unsichtbarkeit. Warum wir über anti-asiatischen Rassismus sprechen müssen.* Sie beleuchtet darin die Geschichte und Gegenwart vietnamesischer Migrant*innen in Deutschland. Die anschließende Diskussion wird von Mehmet Arbag, Politikwissenschaftler und politischer Bildungsreferent mit den Schwerpunkten antimuslimischer Rassismus und Rassismuskritik, moderiert. Die Veranstaltung ist die dritte von insgesamt vier Veranstaltungen in diesem Sommersemester, die Antidiskriminierung und machtkritische Prozesse an der Burg Giebichenstein Kunsthochschule Halle fördern soll.

As part of the special Jour Fixe series on anti-discrimination and processes that are critical of power asymmetries, Hami Nguyen read from her book *Das Ende der Unsichtbarkeit. Warum wir über anti-asiatischen Rassismus sprechen müssen* (The end of invisibility. Why we need to talk about anti-Asian racism). In it, she sheds light on the history and presents of Vietnamese migrants in Germany. The subsequent discussion was moderated by the political scientist and political education consultant Mehmet Arbag with a focus on anti-Muslim racism and critical racism theory. The event was the third in a total of four events with a focus on anti-discrimination and processes that are critical of power asymmetries at BURG this summer semester.

20.06. – 06.07.

Ausstellung: *Housekeeping and Cleaning* in der Spinnerei Leipzig

Die 36 künstlerischen Positionen der Studierenden der Studienrichtung Textile Künste untersuchen den Begriff des „Häuslichen" in einem zeitgenössischen Kontext. Die Ausstellung mit dem Titel *Housekeeping and Cleaning* ist im UNTERGESCHOSS 14 auf dem Spinnerei-Gelände in Leipzig zu sehen.

Exhibition: *Housekeeping and Cleaning* at Spinnerei Leipzig

The 36 works of the students in the Textile Arts study programme examined the term "domestic" in a contemporary context. The exhibition with the title *Housekeeping and Cleaning* was on view in UNTERGESCHOSS 14 on the Spinnerei grounds in Leipzig.

20.06.

Der Neubau Kunst kommt

Nach langen Verhandlungen hat der Finanzausschuss des Landtages von Sachsen-Anhalt in seiner Sitzung einstimmig einen finanziellen Rahmen in Höhe von 40 Millionen Euro für den Neubau Kunst bestätigt. Der Beschluss ist eine klare Zustimmung zur Umsetzung des Entwurfs von Burger Rudacs Architekten, der im Rahmen eines internationalen Wettbewerbs als Sieger hervorging. Der dringend benötigte Neubau Kunst soll den Studierenden unter anderem adäquate Arbeitsbedingungen in Ateliers und Werkstätten sowie neue Ausstellungsflächen bieten.

The new Art building is coming

After long negotiations, the financial committee of the Saxony-Anhalt state parliament officially decided to confirm the financial framework for the new Art building in the amount of €40 million. The decision is a clear go-ahead to realise the design by Burger Rudacs Architekten, which was the winner in an international competition. The urgently needed new Art building will offer BURG students adequate working conditions in studios and workshops, new exhibition surfaces and more.

27. – 28.06.

Symposium *Antisemitismus und Kunst vor 1933*

Das von Prof. Dr. Nike Bätzner, Burg-Professorin für Kunstgeschichte und Christina Brinkmann, Doktorandin der Kunstwissenschaften, organisierte Symposium mit dem Titel *Antisemitismus und Kunst vor 1933* erörtert, welche Bedeutung und Wirksamkeit Antisemitismus unter Künstler*innen, Kunsttheoretiker*innen und weiteren Akteur*innen vor 1933 hatte.

Symposium *Antisemitismus und Kunst vor 1933*

The symposium organised by Prof. Dr Nike Bätzner, professor of art history, and Christina Brinkmann, PhD candidate in art sciences, with the title *Antisemitismus und Kunst vor 1933* (Anti-Semitism and art before 1933) explored the significance and effectiveness of anti-Semitism on artists, art theoreticians and other actors before 1933.

02.–03.07.

Burg-Studierende zeigen Arbeiten auf der Berlin Fashion Week

Die Burg-Studierenden der Studienrichtung Mode, Marius Moninger und Franziska Bauer, zeigen im Rahmen der Berlin Fashion Week repräsentative Projektarbeiten bei einer Gruppenausstellung des Berliner Salons im Bode-Museum in Berlin. Dafür wurden sie unter anderem von Christiane Arp, der ehemaligen Chefredakteurin der deutschen Vogue und Vorsitzende des Fashion Council Germany, ausgewählt. Master-Absolventin Helena Wieser präsentiert ihre Abschluss-Kollektion *Pulli 3000* auf der Modenschau des Neo.Fashion Projekts, die ebenfalls im Rahmen der Berlin Fashion Week stattfindet.

Burg students show works at Berlin Fashion Week

Marius Moninger and Franziska Bauer, students in the Fashion Design study programme at BURG, show representative project works in a group exhibition of the Berliner Salon in Bode Museum in Berlin as part of Berlin Fashion Week. They were selected by Christiane Arp, the former editor-in-chief of German Vogue and chair of the Fashion Council Germany, and the board of directors of Berliner Salon. The master's graduate Helena Wieser presented her final collection *Pulli 3000* (Jumper 3000) at the fashion show of the Neo.Fashion Projekt, which also took place as part of Berlin Fashion Week.

05.07.

Lange Nacht der Wissenschaften – die BURG lädt ein

Die *21. Lange Nacht der Wissenschaften* findet statt: Studierende und Lehrende geben in Form von Vorträgen, Aktionen und Führungen Einblicke in die Forschungsprozesse zwischen Kunst, Design und Wissenschaft. In diesem Jahr sind die Burg Bibliothek, die Materialsammlung, das Projekt *Studium Digitale* und die *BurgLabs* sowie die Studienrichtungen Spiel- und Lerndesign und Textildesign beteiligt.

Lange Nacht der Wissenschaften – BURG opens its doors (Long Night of the Sciences)

The *21st Lange Nacht der Wissenschaften* took place: students and teachers provide insights into the research processes between art, design and science in the form of lectures, actions and tours. This year, the Burg library, Material Archive, the project *Studium Digitale*, *BurgLabs* and the Design of Playing and Learning study programme participated.

01.–31.07.

Burg-Studentin bespielt *hr.fleischer Kiosk* zur Jahresausstellung

Im *hr.fleischer Kiosk* am Reileck ist anlässlich der Jahresausstellung 2024 ein Projekt der Master-Studentin des Studiengangs Visual Strategies and Stories, Jana Braun, zu sehen. *Was bewegt Neustadt?*, beleuchtet den Stadtteil Halle-Neustadt und versucht, einer oftmals vorurteilsbehafteten, negativ verzerrten medialen Darstellung entgegenzuwirken.

Burg students occupied the *hr.fleischer Kiosk* for the Annual Exhibition

A project of Jana Braun, a master's student in the Visual Strategies and Stories study programme, was on view in *hr.fleischer Kiosk* at Reileck as part of the 2024 annual exhibition. *Was bewegt Neustadt?* (What moves Neustadt?) examined the Halle-Neustadt district and attempts to counter an often prejudiced, negatively distorted medial representation.

12.07.

Jahresausstellung: Werkschau Mode 2024

Über 1.000 Gäste besuchen die Werkschau der Mode im vollbesetzten Großen Saal des Volksparks Halle. Als Auftakt der Jahrausstellung präsentieren Mode-Studierende ihre Semester- und Abschlusskollektionen.

Annual exhibition: Fashion show 2024

Over 1,000 guests attended the standing room-only fashion show in the auditorium at Volkspark Halle. As the kick-off to the annual exhibition, Fashion students presented their semester or final collections.

Sommersemester 2024

13.–14.07.

Jahresausstellung 2024

Ausgangspunkt des Erscheinungsbildes der Jahresausstellung 2024 war eine Kollaboration der Schwerpunkte Fotografie und Intermediale Gestaltung aus dem Studiengang Kommunikationsdesign. Diese Zusammenarbeit spiegelte sich im visuellen Konzept wieder, bei dem die Beziehung und der Dialog zwischen den räumlich getrennten Fachbereichen Design und Kunst im Zentrum stand. Durch die fotografische Montage von Gebäuden, Zeiten und architektonischen Stilen, die die Hochschule repräsentieren, entstanden neue utopische Orte, die die Distanz zwischen den Fakultäten überwinden.

Das fotografische Konzept war auch der Ausgangspunkt für die Entwicklung des typografischen Systems. Eine collagenartige Zusammenführung verschiedener Schriftarten steht für die Architekturstile der BURG. Resultat war eine Komposition aus Foto- und Typografie, die sich in den unterschiedlichen Formaten und Medien immer wieder neu in Szene setzten.

Die visuelle Gestaltung der Druck- und Onlinemedien zur Jahresausstellung 2024 wurde konzipiert und umgesetzt von den Studierenden aus dem Kommunikationsdesign/Fotografie, Vincent Jäckel und Jorge Emilio Alvarez Trinchet, betreut von Prof. Stephanie Kiwitt, sowie den Studierenden aus dem Kommunikationsdesign/Intermediale Gestaltung, Maria Neri, Sehee Park und Tobias Strunk, betreut von Prof. Jana Reddemann und Prof. David Liebermann.

Summer semester 2024

Annual Exhibition 2024

The starting point for the visual appearance of the 2024 Annual Exhibition was a collaboration between the Photography and Intermediate Design specialisations from the Communication Design study programme. This collaboration was reflected in the visual concept, which focused on the relationship and dialogue between the spatially separate departments of Design and Art. The photographic montage of buildings, periods and architectural styles representing the university created new utopian places that overcome the distance between the faculties.

The photographic concept was also the point of departure for the development of the typographic system. A collage-like combination of different fonts symbolises the architectural styles of BURG and is also an expression of a new form with infinite possibilities for variation.

The result was a composition of photography and typography, which were constantly re-staged in different formats and media.

The visual design of the print and online media for the 2024 Annual Exhibition was conceived and realised by Communication Design/Photography students Vincent Jäckel and Jorge Emilio Alvarez Trinchet, supervised by Prof. Stephanie Kiwitt, and Communication Design/Intermediate Design students Maria Neri, Sehee Park and Tobias Strunk, supervised by Prof. Jana Reddemann and Prof. David Liebermann.

Video zur Jahresausstellung 2024
Video of the Annual Exhibition 2024

B
Jahres
Ausstellung
2024
R
U
13.–
14. Juli
10–18
Uhr
G
Burg-
Halle.de

B
U
R
G
Jahres
Ausstellung
2024
13.–
14. Juli
10–18
Uhr
Burg-
Halle.de

(SI) Studiengruppe
Informationsdesign
Samstag
13. Juli
CONVERSATIONS
14 Uhr
① Ulf Aminde
② Quartiermanagment
Halle-Neustadt
③ Sea-Watch e.V.
④ Wegweiser e.V.
⑤ Lee Hielscher
⑥ Maria Nesterowa
⑦ Flüchtlingsrat
Sachsen-Anhalt e.V.

SUMMER
SCHOOL
2024

Time

FREITAG

Johanna
Stenzel
Projekte
Infos

GRAFIK

ALLE ALLES?

Jahres
Ausstellung
2024
13.–
14. Juli
10–18
Uhr
Burg-
Halle.de

13.07.–04.08.

Ausstellung: *Take Off 2024–Meisterschüler*innen der BURG*

Auch in diesem Jahr wird die 2021 begonnene Ausstellungsreihe fortgeführt. Parallel zur Jahresausstellung präsentiert *Take Off 2024* Abschlussarbeiten von Meisterschüler*innen in der Burg Galerie im Volkspark. Der künstlerische Schwerpunkt liegt in diesem Jahr auf raumgreifenden Installationen und großformatigen, teils dreidimensionalen Wandarbeiten.

Exhibition: *Take Off 2024–Meisterschüler at BURG*

This year as well, the exhibition series that began in 2021 was continued. Parallel to the annual exhibition, *Take Off 2024* presented final works by Meisterschüler in the Burg Gallery in the Volkspark. The artistic focus was on extensive installations and large-scale, sometimes three-dimensional murals this year.

25.07.

Bahnbrechende Schuhproduktion für Schweizer Sportmarke On

Der Master-Absolvent im Studiengang Industrial Design bei Prof. Mareike Gast, Johannes Voelchert, entwickelte ein Studienprojekt mit der Sportbekleidungsmarke *On* weiter. Die dabei entstandene Produktionstechnik erhält internationale Aufmerksamkeit. Johannes Voelchert ist bei der Entwicklung des neuen, bahnbrechenden Produktionsverfahrens *LightSpray™* beteiligt.

Groundbreaking shoe production for Swiss sport label On

Johannes Voelchert, the master's graduate in the Industrial Design study programme under Prof. Mareike Gast, developed a university project further with the sport clothing label *On*. The production technology they created received international attention. Johannes Voelchert is a participant in the development of the new, groundbreaking production method *LightSpray™*.

14.–29.09.

The moment you know–Alumni-Ausstellung in der Spinnerei Leipzig

Zum siebten Mal sind die künstlerischen Positionen junger Absolvent*innen im UNTERGESCHOSS 14 der Spinnerei Leipzig zu sehen. Die Schau eröffnet zeitgleich zum dortigen Herbstrundgang. *The moment you know* versammelt die Arbeiten von neun Alumni, die ihren Abschluss im Sommersemester 2024 gemacht haben.

The moment you know–Alumni exhibition in Spinnerei Leipzig

For the seventh time, the works of young graduates were on view in Spinnerei Leipzig. The show opened at the same time as the Autumn Gallery Tour. *The moment you know* gathered the works of nine alumni who graduated in summer semester 2024.

24.–27.09.

Burg Summer School 2024

Das jährlich stattfindende Format *Burg Kostprobe* findet in einer neuen, erweiterten Version statt: Im Rahmen der Burg Summer School haben erstmalig etwa 100 Studieninteressierte im Alter von 18 bis 28 Jahren die Möglichkeit, an vier Tagen an verschiedenen Workshops, Campusführungen und individuellen Mappenberatungen teilzunehmen.

Burg Summer School 2024

The annual format *Burg Kostprobe* (Taste of BURG) was held in a new, enhanced version. As part of Burg Summer School, for the first time around 100 potential students ages 18 to 28 had the opportunity to participate in various workshops, campus tours and personal portfolio consultations for four days.

Studieren an der BURG

Visionäres Denken und Gestalten seit 1915

Die 1915 gegründete Burg Giebichenstein Kunsthochschule Halle bietet mit ihren Fachbereichen Kunst und Design deutschlandweit ein unverwechselbares Profil mit exzellenten Ausbildungs- und Studienbedingungen an. Mit über 1.000 Studierenden zählt sie zu den größten Kunsthochschulen Deutschlands. Visionäres Denken und Gestalten werden in über 20 Studiengängen ebenso gefördert wie die Entwicklung berufspraktischer Fähigkeiten. Die Hochschule verfügt über hervorragend ausgestattete Ateliers und Werkstätten und ist mit zahlreichen Forschungseinrichtungen, Institutionen und Unternehmen vernetzt. In den über 100 Jahren ihres Bestehens hat sich die BURG zu einer Kunsthochschule entwickelt, die das Spannungsfeld zwischen Praxis und Forschung auslotet. Gattungsübergreifend zu denken und zu arbeiten wird bereits zu Beginn des Studiums durch eine breit angelegte Grundlagenausbildung unterstützt.

Die Burg Giebichenstein Kunsthochschule Halle bietet im Design Bachelor- und Masterabschlüsse, in der Kunst Diplom-, Master- sowie Staatsexamensabschlüsse (Lehramt) an, außerdem besteht hier die Möglichkeit, ein Meisterschüler*innenstudium zu absolvieren. Die BURG verfügt in beiden Fachbereichen über das Promotionsrecht. Über 50 Professorinnen und Professoren sowie 60 akademische Mitarbeiter*innen bieten künstlerisch begabten jungen Menschen ein breites Spektrum an künstlerischer und theoretischer Lehre.

Die Kunsthochschule unterhält Kooperationen mit Partnerschulen in 25 europäischen Ländern und einer Vielzahl von Universitäten außerhalb Europas. Die BURG ist Partnerin im Cumulus-Verbund internationaler Kunst- und Designhochschulen und ist im europäischen Verband ELIA organisiert.

Zugangsvoraussetzungen und Aufnahmeprüfung

Voraussetzung für ein Studium ist neben der Allgemeinen Hochschulreife (oder Äquivalent) eine bestandene künstlerisch-gestalterische Aufnahmeprüfung. Diese findet einmal jährlich über mehrere Tage statt, 2025 ab dem 17. März. Bis zum 10. März können sich Bewerber*innen unter www.my.burg-halle.de hierfür registrieren.

Für die Aufnahme eines Masterstudiums gelten besondere Regeln. Bewerbungsschluss für externe Interessierte ist der 15. Mai für das folgende Wintersemester. Ausgenommen ist der Masterstudiengang Multimedia Design. Hier ist eine Bewerbung sowohl zum Sommer- als auch zum Wintersemester möglich.

Im Falle einer überragenden künstlerischen und gestalterischen Befähigung, die in der Aufnahmeprüfung festgestellt wird, kann auf den Nachweis der Allgemeinen Hochschulreife verzichtet werden. Internationale Bewerber*innen müssen für ein Studium Deutschkenntnisse (DSH 2 oder TestDaF 4) nachweisen.

Studying at BURG

Visionary thinking and design since 1915

Founded in 1915, the Burg Giebichenstein University of Art and Design has an incomparable profile in Germany, with excellent educational and study conditions in its art and design faculties. With over 1,000 students, it is one of the largest art universities in the country. Visionary thinking and design are promoted in more than 20 fields of study, as is the development of professional vocational skills. The university has well-equipped studios and workshops, and a network linking it to numerous research institutions, associations and companies. In the more than 100 years of its existence, the BURG has developed into an art academy that explores the dynamic relationship between practice and research. Thinking and working in a cross-disciplinary way is encouraged from the very beginning through its foundation course.

BURG offers bachelor's and master's degrees in design, "Diplom", master's and state graduate degrees (teacher's certificates) in the arts, as well as the option of studying as a "Meisterschüler". BURG also has the right to award doctoral degrees in design and art sciences. More than 50 professors and 60 academic staff members offer artistically talented young people a broad spectrum of artistic and theoretical teaching.

The art university cooperates with partner schools in 25 European countries and a large number of universities outside Europe. The BURG is a partner of the Cumulus network of international art and design colleges and is part of the European association ELIA.

Entry requirements and entrance examination

In addition to the general university entrance qualification (or equivalent), the prerequisite for studying at BURG is a successful entrance examination in art and design. This takes place once a year over several days, and in 2025 from 17 March. Applicants can register at www.my.burg-halle.de until 10 March.

There are special rules for applying for a master's degree. The application deadline for external applicants is 15 May for the following winter semester. The master's programme in Multimedia Design is an exception. Here it is possible to apply both in the summer and winter semesters.

In the case of outstanding artistic and creative talents, which are established by means of the aptitude test, the general qualification for university entrance may be waived. International degree applicants must demonstrate proven German language skills (DSH 2 or TestDaF 4).

Studieren an der BURG

Index

Studiengänge im Fachbereich Design

BACHELOR (BA)
Industriedesign
- Industriedesign
- Produktdesign/Keramik- und Glasdesign
- Spiel- und Lerndesign

Innenarchitektur
Kommunikationsdesign
Mode- und Textildesign
- Mode
- Textil

Multimedia | Virtual Reality-Design

MASTER (MA)
Conceptual Fashion Design
Conceptual Textile Design
Design of Playing and Learning
Design Studies
Furniture and Interior Design
Industrial Design
Interior Architecture
Multimedia Design
Product Design and Design of Porcelain, Ceramics and Glass
Visual Strategies and Stories

Studiengänge im Fachbereich Kunst

DIPLOM
Malerei/Grafik
- Malerei/Glas
- Buchkunst
- Grafik
- Malerei
- Textile Künste

Plastik
- Bildhauerei/Figur
- Bildhauerei/Materialität und Raum
- Keramik
- Schmuck
- Zeitbasierte Künste

STAATSEXAMEN
Kunst
(Lehramt an Gymnasien)
Kunst
(Lehramt an Sekundarschulen)

MASTER
Kunstwissenschaften

AUFBAUSTUDIUM
Bildende Kunst
Meisterschüler*innenstudium

PROMOTIONSMÖGLICHKEIT
Designwissenschaften
Kunstwissenschaften

ÜBERGREIFENDE LEHRGEBIETE
Gestalterische und Künstlerische Grundlagen
Bildnerische Grundlagen
Kunstwissenschaften
Designwissenschaften

Wichtige Termine:

Bis 10. März 2025
Online-Anmeldung zur Aufnahmeprüfung für Bachelor- und Diplomstudiengänge sowie Staatsexamen

Ab 17. März 2025
Aufnahmeprüfung für Bachelor- und Diplomstudiengänge sowie Staatsexamen

1. April bis 15. Mai 2025
Online-Anmeldung zur Aufnahmeprüfung für Masterstudiengänge mit Beginn im Wintersemester 2025/26

12. und 13. Juli 2025
Jahresausstellung der BURG

9. Januar 2025
Studieninformationstag an der BURG

Informieren Sie sich über die vielfältigen Publikationen der BURG!

Studying at BURG

Index

Courses in the Design Faculty

BACHELOR (BA)

- Industrial Design
  - Industrial Design
  - Product Design/ Ceramics and Glass
  - Design of Playing and Learning
- Interior Architecture
- Communication Design
- Fashion Design
  - Fashion
  - Textile Design
- Multimedia | Virtual Reality-Design

MASTER (MA)

- Conceptual Fashion Design
- Conceptual Textile Design
- Design of Playing and Learning
- Design Studies
- Furniture and Interior Design
- Industrial Design
- Interior Architecture
- Multimedia Design
- Product Design and Design of Porcelain, Ceramics and Glass
- Visual Strategies and Stories

Courses in the Art Faculty

DIPLOM

- Painting/Graphics
  - Painting/Glass
  - Book Art
  - Graphics
  - Painting
  - Textile Arts
- Plastic Arts
  - Figure Sculpture
  - Sculpture/Materiality and Space
  - Ceramics
  - Jewellery
  - Time-Based Arts

STATE EXAMINATION

- Art (Qualification to teach at “Gymnasium” level)
- Art (Qualification to teach at other secondary schools)

MASTER

- Art Sciences

POSTGRADUATE STUDIES

- Fine Art “Meisterschüler” course

DOCTORAL PROGRAMMES

- Design Studies
- Art Sciences

INTERDISCIPLINARY SUBJECTS

- Design Fundamentals
- Art Fundamentals
- Art Sciences
- Design Sciences

Important dates

Until 10 March 2025
Online registration for the entrance examination for bachelor and “Diplom” courses as well as state examinations

From 17 March 2025
Entrance examination for bachelor and “Diplom” courses as well as state examinations

1 April to 15 May 2025
Online registration for the entrance examination for master’s programmes starting in the winter semester 2025/26

12 and 13 July 2025
Annual BURG exhibition

9 January 2025
Study information day at the BURG

Check out BURG's diverse publications!

Absolvent*innen

Index

DESIGN BACHELOR

Industriedesign
Johanna Abendroth
Wayra Aguilar
Sophie-Charlotte Bolinski
Joaquim Marreiros Pontes Branco
Luis Emilio Braun
Emma Brix
Judith Burgard
Felix Cordes
Lena Eichhorn
Fidelis Joel Falk
Anna Lena Freudenberg
Max Greiner
Lara Elena Herrmann
Sang Hee Kang
Vincent Bruno Kaup
Johann Kogge
Christoph Kortung
Hongki Keam
Yerin Kim
Melanie Carmen Lange
Maelle Celia Ludwig
Nele Maria Meier
Magdalena Meißner
Leah Messerschmidt
Katharina Michnik
Julia Müll
Jisu Park
Maximilian Karl Friedrich Pflugk
Marvin Alexander Robert
Lion Robert Sanguinette
Karl Anton Schinkel
Johanna Schmidtke
Peer Luc Sohrmann
Chaewon Song
Emilia Sonntag
Parinati Vimal Tamboli
Jakob Samuel Trepel
Friedrich Wördehoff
Chenghan Yuan

Produktdesign / Keramik- und Glasdesign
Jihye Han
Jungwoon Lee
Tatjana Simbürger
Ruud Wilhelmus van den Eijnden

Spiel- und Lerndesign
Danni Bai
Anncharlott Garzareck
Henrike Kaiser
Hannes Koch
Benjamin Neubauer
Eva Katharina Nickl

Innenarchitektur
Frieda Adam
Lucas Bögelsack
Ellen Church
Pia Nele Eggers
Lucia Isabel Bösl Herranz
Franziska Hofmann
Hermann Klöpper
PaulaKödding
Sarah Mende
Hannah Mühlbach
Paula Neubig
Pepe Nitz
Charlotte Priebe
Hannah Prinz
Anna Romanov
Marie-Sophie Runge
Leonora Schlüter
Melanie Schneider
Nadja Schulze
Joel Seele
Franziska Maria Sichert
Isabell Bilfinger Unzueta
Oona von Oertzen
Christiane Allegra Wöhrmann

Kommunikationsdesign
Vincent Aubin
Dayeon Auh
Justus Maria Jörg Alastair Büchner
Yuna Byun
Dominik-Kamill Dabrowski
Max Dietrich
Lore Elstermann
Jule Eretier
Tara Fässler
Nadine Härting
Melanie Hauffe
Nanette Henschke
Dirk Hornschuch
Luisa Aino Helene Keintzel
Hyelim Kim
Suhyun Kim
Ludwig Kloiber
Moritz Michael Neuland
Anna Neumann
Mara Niederprüm
Ole Cedric Menno Peters
Cam Van Pham
Lam Nguyen Thi Quynh
Sophia Reichmann
Louis Rohmer
Paul Rosenkranz
Cedric Schuster
Isabelle Selwat
Georg Horst Friedrich Stalbock
Melissa Treutlein
Hyeona Uhm
Lioba Cécile Wachtel
Yiwen Wang
Victoria Woywodt

Modedesign
Anna Fenderl
Leah Frey
Zhiqi Guan
Miriam Hantzko
Fanny Hensel
Frieda-Marie Knödler
Josephine Antonia Kraus
Anna-Lena Potrebny
Marie-Luise Rief
Paula Maria Rieß
Ayna Sayarsanova
Carolin Seckel
Loris Stephan
Nadja Winter
Anne-Marie Wuttke

Textildesign
Kim Felix Cordes
Johanna Dreysse
Amelie Lucia Freya Freiin von Hausen
Paula Maria Holzhauser
Karla Viktoria Huff
Juyeon Kim
Hannah Josefine Köchy
Viviana Losacco
Anna Magdalena Michal
Martha Maria Panzer
Greta Louise Ruppert
Liia Zonova

Multimedia | Virtual Reality Design
Michel Baldauf
Nadine Begenat
Sebastian Beier
Melvin Ray Benn
Beatrice Brauer
Alla Boytsova
Michelle Cerny
Christopher Dorstewitz
Patrick Eckardt
Daniel Grahl
Claudia Grasse
Janine Harnisch
Adrian Heinrich
Henning Herre
Lara Hübelt
Salima Jalala
Gege Ji
Anna Sophie Kirchner
Clara Kitzinger
Anne Lange
Wilhelm Lehmann
Kristof Loppnow
Agathe Michalski
Yasmin Möller
Jonas Frederik Otto
Oscar Emanuel Patzschke
Jakob David Pirzkall
Bianca Maria Poppe
Christiane Possenig
Max Jacob Michael Schaaf
Jannis Steen Scheerbarth
Juliane Scholz
Saou Tanaka
Julius-Franz Tzamouranis
Katja Undeutsch
Tony Wetzke
Maximilian Wüsten

MASTER

Conceptual Fashion Design
Illya Gros
Lea Kelm
Helena Lucia Wieser

Conceptual Textile Design
Elisa Bannasch
Kim Felix Cordes
Julia Dichte
Sae Kaneko
Juyeon Kim
Martha Sophie Kikowatz
Mia Kugelmann
Jana Katharina Lutat
Shani Nahum
Virginia Reil
Kristina Sandu
Juliane Schmidt
Sophie Maria Schmidt
SungKyung Yoon

Design of Playing and Learning
Laura Klingele
Sabeth Niemann
Amanda Püschel
Johanna Rosenkranz
Susanne Schlenther
Lilian Walters

Graduates

Index

BACHELOR'S DEGREES

Industrial Design
Johanna Abendroth
Wayra Aguilar
Sophie-Charlotte Bolinski
Joaquim Marreiros Pontes Branco
Luis Emilio Braun
Emma Brix
Judith Burgard
Felix Cordes
Lena Eichhorn
Fidelis Joel Falk
Anna Lena Freudenberg
Max Greiner
Lara Elena Herrmann
Sang Hee Kang
Vincent Bruno Kaup
Johann Kogge
Christoph Kortung
Hongki Keam
Yerin Kim
Melanie Carmen Lange
Maelle Celia Ludwig
Nele Maria Meier
Magdalena Meißner
Leah Messerschmidt
Katharina Michnik
Julia Müll
Jisu Park
Maximilian Karl Friedrich Pflugk
Marvin Alexander Robert
Lion Robert Sanguinette
Karl Anton Schinkel
Johanna Schmidtke
Peer Luc Sohrmann
Chaewon Song
Emilia Sonntag
Parinati Vimal Tamboli
Jakob Samuel Trepel
Friedrich Wördehoff
Chenghan Yuan

Product Design/Ceramic and Glass Design
Jihye Han
Jungwoon Lee
Tatjana Simbürger
Ruud Wilhelmus van den Eijnden

Design of Playing and Learning
Danni Bai
Anncharlott Garzareck
Henrike Kaiser
Hannes Koch
Benjamin Neubauer
Eva Katharina Nickl

Interior Architecture
Frieda Adam
Lucas Bögelsack
Ellen Church
Pia Nele Eggers
Lucia Isabel Bösl Herranz
Franziska Hofmann
Hermann Klöpper
PaulaKödding
Sarah Mende
Hannah Mühlbach
Paula Neubig
Pepe Nitz
Charlotte Priebe
Hannah Prinz
Anna Romanov
Marie-Sophie Runge
Leonora Schlüter
Melanie Schneider
Nadja Schulze
Joel Seele
Franziska Maria Sichert
Isabell Bilfinger Unzueta
Oona von Oertzen
Christiane Allegra Wöhrmann

Communication Design
Vincent Aubin
Dayeon Auh
Justus Maria Jörg Alastair Büchner
Yuna Byun
Dominik-Kamill Dabrowski
Max Dietrich
Lore Elstermann
Jule Fretier
Tara Fässler
Nadine Härting
Melanie Hauffe
Nanette Henschke
Dirk Hornschuch
Luisa Aino Helene Keintzel
Hyelim Kim
Suhyun Kim
Ludwig Kloiber
Moritz Michael Neuland
Anna Neumann
Mara Niederprüm
Ole Cedric Menno Peters
Cam Van Pham
Lam Nguyen Thi Quynh
Sophia Reichmann
Louis Rohmer
Paul Rosenkranz
Cedric Schuster
Isabelle Selwat
Georg Horst Friedrich Stalbock
Melissa Treutlein
Hyeona Uhm
Lioba Cécile Wachtel
Yiwen Wang
Victoria Woywodt

Fashion Design
Anna Fenderl
Leah Frey
Zhiqi Guan
Miriam Hantzko
Fanny Hensel
Frieda-Marie Knödler
Josephine Antonia Kraus
Anna-Lena Potrebny
Marie-Luise Rief
Paula Maria Rieß
Ayna Sayarsanova
Carolin Seckel
Loris Stephan
Nadja Winter
Anne-Marie Wuttke

Textile Design
Kim Felix Cordes
Johanna Dreysse
Amelie Lucia Freya Freiin von Hausen
Paula Maria Holzhauser
Karla Viktoria Huff
Juyeon Kim
Hannah Josefine Köchy
Viviana Losacco
Anna Magdalena Michal
Martha Maria Panzer
Greta Louise Ruppert
Liia Zonova

Multimedia | Virtual Reality Design
Michel Baldauf
Nadine Begenat
Sebastian Beier
Melvin Ray Benn
Beatrice Brauer
Alla Boytsova
Michelle Cerny
Christopher Dorstewitz
Patrick Eckardt
Daniel Grahl
Claudia Grasse
Janine Harnisch
Adrian Heinrich
Henning Herre
Lara Hübelt
Salima Jalala
Gege Ji
Anna Sophie Kirchner
Clara Kitzinger
Anne Lange
Wilhelm Lehmann
Kristof Loppnow
Agathe Michalski
Yasmin Möller
Jonas Frederik Otto
Oscar Emanuel Patzschke
Jakob David Pirzkall
Bianca Maria Poppe
Christiane Possenig
Max Jacob Michael Schaaf
Jannis Steen Scheerbarth
Juliane Scholz
Saou Tanaka
Julius-Franz Tzamouranis
Katja Undeutsch
Tony Wetzke
Maximilian Wüsten

MASTER'S DEGREES

Conceptual Fashion Design
Illya Gros
Lea Kelm
Helena Lucia Wieser

Conceptual Textile Design
Elisa Bannasch
Kim Felix Cordes
Julia Dichte
Sae Kaneko
Juyeon Kim
Martha Sophie Kikowatz
Mia Kugelmann
Jana Katharina Lutat
Shani Nahum
Virginia Reil
Kristina Sandu
Juliane Schmidt
Sophie Maria Schmidt
SungKyung Yoon

Design of Playing and Learning
Laura Klingele
Sabeth Niemann
Amanda Püschel
Johanna Rosenkranz
Susanne Schlenther
Lilian Walters

Design Studies
Mathis Burmeister
Anna Gröger
Bettina Laura Nagler
Lena Marcella Nischwitz
Annelie Paula Rethfeldt

Furniture and Interior Design
Michael Goß

Industrial Design
Eva Charlotte Ausmann
Elena Kristin Bangel
Yanru Chen
Johanna Eger
Luca Ganzert
Eric Geißler
Jonathan Hase
Nikolaus Hößle
Simon Hendrik Krautheim
Björn Naumann
Yang Ni
Stefanie Putsch
Sophia Alma Eva Reißenweber
Josua Roters
Lisa Schwalbe
Marianne Theresa Sellmaier
Xue Song
Jacobo Cuesta Wolf

Interior Architecture
Lucas Bögelsack
Lisa Denecke
Pia Nele Eggers
Nora Fenkner
Pauline Gondek
Michael Sven Groß
Antonia Herschel
Hermann Klöpper
Jonathan Knappe
Marie-Lysann Knauber
Lucas Lippold
Severin Opel
Mark Teucher
Franziska Schaufelberger
Isabell Bilfinger Unzueta

Multimedia Design
Ilka Bremers
Michelle Cerny
Yumus Emre Ersoy
Sedef Ertem
Swantje Georg
Xueqi Han
Judith Hanke
Elisa Susanne Hock
Franziska Kinder
Nora Marlene Prinz
Jiyoon Rhim
Lea Schroth
Wenzel Stendike
Josephin Teupel
Katja Undeutsch
Yuxi Xia

Product Design and Design of Porcelain Ceramics and Glass
Valena Ammon
Sebastian Bernet
Madeleine Gräfin zu Dohna
Sulamith Gutwein
Manon Meret Klein
In Lee

Visual Strategies and Stories
Leonardo Alliata
Giulia Cabassi
Charlotte Amina Debs
Seifeldeen Hesham Ahmed
Mansour Elfouly
Guiyun He
Uli-Ludger Holtschlag
Philipp Koller
Hans Lichtenwagner
Lara Alina Liske
Kai Patrik Ruhland
Anna-Katharina Rupp
Selina Laura Ursprung
Lukas Weidinger
Carla Westphälinger

KUNST DIPLOM

Malerei / Grafik

Buchkunst
Martha Burkhardt
Mara Straube
Miroslava Surá
Xue Wang

Grafik
Eleonora Elisa Damme
Emilie Jayaswal
Franziska Kirschner
Maximilian Koch
Pia Lösekrug
Viktor Leonard Ludvik
Clara Medek
Axel Orozco Möhl
Jonas Mosbacher
Florian Puls

Malerei
Youjeong Kim
Evelin Marin
Naomi Pietros
Walther Julius Scholz

Malerei / Glas
Katharina Baake
Claire Ebendinger
Leon Meschede
Paul-Jakob Meussling
Richard Rothfeld
Debora Véliz

Textile Künste
Ulrike Basner
Fern Liberty Kallenbach Campbell
Antonia Jungk
Yun Young Kim
Marie Siewert
Karl Gustav Steinig
Veronika Weber
Sofie Wirth

Plastik

Bildhauerei / Figur
Moritz Danner
Lena Schirrmeister

Bildhauerei / Materialität und Raum
Marta Álvarez Herranz
Hyoeun Jin
Hanbyeol Mun
Emika Sekine

Keramik
Maya Fenderl
Romina Ried

Schmuck
Laura Hanisch
Radha Diaz Hublitz
Anne Pruy
Daniela Trabold

Zeitbasierte Künste
Seunghoon Baek
Ahram Choi
Lisann Greiner-Bechert
Fabian Habecker
Todor Joe Musev
Merlind Papke
Normann Seils

Kunstpädagogik
Charlotte Ehrt
Klara Golny
Philippa Jochim
Jule Kessler
Judith Lorbach
Josephine Menzel
Julia Ragotzky
Sophia Roggenkamp
Rebecca Schöler
Gesa Wagner
Lili Weismann

Kunstwissenschaften (M. A.)
Vinzenz Damm
Leonie Fischer
Josefine Barbara Haiduck
Julia Hosp
Janika Jähnisch
Yana Kadykova
Pia Martz
Elise Möller
Miriam Olivia Rachel Schmidt
Alison Shea
Maren Schleimer
Valeria Slizevic
Hanna Thuma

STAATSEXAMEN

Lehramt an Gymnasien
Lukas Elbe
Louisa Engel
Heather Fink Anderson
Niclas Heider
Laura Meltke
Leonie Noh
Elisabeth Otto
Hanna Voß
Anna Wiegand

Lehramt an Sekundarschulen
Johannes Förster
Lena Neduck

AUFBAU- ODER MEISTER-SCHÜLER*INNENSTUDIUM

Bildende Kunst
Charlotte Antony (Meisterschülerin)
Leon Fiand (Meisterschüler)
Antonia Jungk (Meisterschülerin)
Dana László da Costa (Meisterschülerin)
Keren Rothenberg (Meisterschülerin)
Iva Svoboda (Meisterschülerin)

Bildhauerei Figur
Younghyun Min (Meisterschüler)

Bildhauerei / Materialität und Raum
José Madrigal Despaigne (Meisterschüler)
Annekatrin Posselt (Meisterschülerin)

Buchkunst
Friederike Dolinschek (Meisterschülerin)
Adrian Rötzscher (Meisterschüler)

Keramik
Carlo Broschewitz (Meisterschüler)
Zhifeng Song (Meisterschüler)
Paula Breuer (Aufbaustudium)

Design Studies
Mathis Burmeister
Anna Gröger
Bettina Laura Nagler
Lena Marcella Nischwitz
Annelie Paula Rethfeldt

Furniture and Interior Design
Michael Goß

Industrial Design
Eva Charlotte Ausmann
Elena Kristin Bangel
Yanru Chen
Johanna Eger
Luca Ganzert
Eric Geißler
Jonathan Hase
Nikolaus Hößle
Simon Hendrik Krautheim
Björn Naumann
Yang Ni
Stefanie Putsch
Sophia Alma Eva Reißenweber
Josua Roters
Lisa Schwalbe
Marianne Theresa Sellmaier
Xue Song
Jacobo Cuesta Wolf

Interior Architecture
Lucas Bögelsack
Lisa Denecke
Pia Nele Eggers
Nora Fenkner
Pauline Gondek
Michael Sven Groß
Antonia Herschel
Hermann Klöpper
Jonathan Knappe
Marie-Lysann Knauber
Lucas Lippold
Severin Opel
Mark Teucher
Franziska Schaufelberger
Isabell Bilfinger Unzueta

Multimedia Design
Ilka Bremers
Michelle Cerny
Yumus Emre Ersoy
Sedef Ertem
Swantje Georg
Xueqi Han
Judith Hanke
Elisa Susanne Hock
Franziska Kinder
Nora Marlene Prinz
Jiyoon Rhim
Lea Schroth
Wenzel Stendike
Josephin Teupel
Katja Undeutsch
Yuxi Xia

Product Design and Design of Porcelain, Ceramics and Glass
Valena Ammon
Sebastian Bernet
Madeleine Gräfin zu Dohna
Sulamith Gutwein
Manon Meret Klein
In Lee

Visual Strategies and Stories
Leonardo Alliata
Giulia Cabassi
Charlotte Amina Debs
Seifeldeen Hesham Ahmed Mansour Elfouly
Guiyun He
Uli-Ludger Holtschlag
Philipp Koller
Hans Lichtenwagner
Lara Alina Liske
Kai Patrik Ruhland
Anna-Katharina Rupp
Selina Laura Ursprung
Lukas Weidinger
Carla Westphälinger

ART DIPLOM DEGREES

Painting / Graphics

Book Arts
Martha Burkhardt
Mara Straube
Miroslava Surá
Xue Wang

Drawing and Printmaking
Eleonora Elisa Damme
Emilie Jayaswal
Franziska Kirschner
Maximilian Koch
Pia Lösekrug
Viktor Leonard Ludvik
Clara Medek
Axel Orozco Möhl
Jonas Mosbacher
Florian Puls

Painting
Youjeong Kim
Evelin Marin
Naomi Pietros
Walther Julius Scholz

Painting / Glass
Katharina Baake
Claire Ebendinger
Leon Meschede
Paul-Jakob Meussling
Richard Rothfeld
Debora Véliz

Textile Arts
Ulrike Basner
Fern Liberty Kallenbach Campbell
Antonia Jungk
Yun Young Kim
Marie Siewert
Karl Gustav Steinig
Veronika Weber
Sofie Wirth

Plastic Arts

Figure Sculpture
Moritz Danner
Lena Schirrmeister

Sculpture / Materiality and Space
Marta Álvarez Herranz
Hyoeun Jin
Hanbyeol Mun
Emika Sekine

Ceramics
Maya Fenderl
Romina Ried

Jewellery
Laura Hanisch
Radha Diaz Hublitz
Anne Pruy
Daniela Trabold

Time-based Arts
Seunghoon Baek
Ahram Choi
Lisann Greiner-Bechert
Fabian Habecker
Todor Joe Musev
Merlind Papke
Normann Seils

Art Pedagogy
Charlotte Ehrt
Klara Golny
Philippa Jochim
Jule Kessler
Judith Lorbach
Josephine Menzel
Julia Ragotzky
Sophia Roggenkamp
Rebecca Schöler
Gesa Wagner
Lili Weismann

Art Sciences M.A
Vinzenz Damm
Leonie Fischer
Josefine Barbara Haiduck
Julia Hosp
Janika Jähnisch
Yana Kadykova
Pia Martz
Elise Möller
Miriam Olivia Rachel Schmidt
Alison Shea
Maren Schleimer
Valeria Slizevic
Hanna Thuma

STATE EXAMINATION

Art Education for Gymnasium level
Lukas Elbe
Louisa Engel
Heather Fink Anderson
Niclas Heider
Laura Meltke
Leonie Noh
Elisabeth Otto
Hanna Voß
Anna Wiegand

Art Education for other secondary schools
Johannes Förster
Lena Neduck

MEISTERSCHÜLER COURSE

Fine Arts
Charlotte Antony (Meisterschülerin)
Leon Fiand (Meisterschüler)
Antonia Jungk (Meisterschülerin)
Dana László da Costa (Meisterschülerin)
Keren Rothenberg (Meisterschülerin)
Iva Svoboda (Meisterschülerin)

Figure Sculpture
Younghyun Min (Meisterschüler)

Sculpture / Materiality and Space
José Madrigal Despaigne (Meisterschüler)
Annekatrin Posselt (Meisterschülerin)

Book Art
Friederike Dolinschek (Meisterschülerin)
Adrian Rötzscher (Meisterschüler)

Ceramics
Carlo Broschewitz (Meisterschüler)
Zhifeng Song (Meisterschüler)
Paula Breuer (Aufbaustudium)

Malerei
Youjeong Kim
(Meisterschülerin)
Manuel Wagner
(Meisterschüler)

Schmuck
Yonghak Jo
(Meisterschüler)
Eva Ulm
(Meisterschülerin)

Textile Künste
Eileen Farida Almarales Noy (Meisterschülerin)
Maja Behrmann
(Meisterschülerin)
Marlen Tennigkeit
(Meisterschülerin)

Painting
Youjeong Kim
(Meisterschülerin)
Manuel Wagner
(Meisterschüler)

Jewellery
Yonghak Jo
(Meisterschüler)
Eva Ulm
(Meisterschülerin)

Textile Arts
Eileen Farida Almarales Noy (Meisterschülerin)
Maja Behrmann
(Meisterschülerin)
Marlen Tennigkeit
(Meisterschülerin)

Rektorat und Dekanate

Rektorat der BURG

Prof. Bettina Erzgräber
Rektorin

Linda Baasch
Kanzlerin

Prof. Dr. Veronica Biermann
Prorektorin für Wissenschaft und Forschung

Prof. Matthias Görlich
Prorektor für Studium und Lehre im Fachbereich Design

Prof. Tilo Baumgärtel
Prorektor für Studium und Lehre im Fachbereich Kunst

Dekanat Fachbereich Kunst

Prof. Dr. Sara Burkhardt
Dekanin Fachbereich Kunst

Prof. Paul McDevitt
Prodekan Fachbereich Kunst

Dekanat Fachbereich Design

Prof. Klaus Michel
Dekan Fachbereich Design

Prof. Laura Straßer
Prodekanin Fachbereich Design

Rectorate and dean's offices

BURG rectorate

Prof. Bettina Erzgräber
Rector

Linda Baasch
Chancellor

Prof. Dr Veronica Biermann
Pro-rector for Science and Research

Prof. Matthias Görlich
Pro-rector for Studies and Teaching of the Design Faculty

Prof. Tilo Baumgärtel
Pro-rector for Studies and Teaching of the Art Faculty

Dean's office Art Faculty

Prof. Dr Sara Burkhardt
Dean of the Art Faculty

Prof. Paul McDevitt
Pro-dean of the Art Faculty

Dean's office Design Faculty

Prof. Klaus Michel
Dean of the Design Faculty

Prof. Laura Straßer
Pro-dean of the Design Faculty

Neuberufungen

Index

Die Burg Giebichenstein Kunsthochschule Halle ernannte im Zeitraum von Januar 2023 bis Juli 2024 sechs neue Professor*innen in den Fachbereichen Kunst und Design.

Miriam Amelung, Professorin für Grundlagen der Gestaltung/Dreidimensionales Gestalten

Miriam Amelung übernahm zum 1. April 2023 die Professur für Grundlagen der Gestaltung/Dreidimensionales Gestalten im Fachbereich Design. Amelung, geboren 1984 in Braunschweig, studierte von 2004 bis 2010 Produktdesign an der Kunsthochschule Kassel und schloss ihr Diplom mit dem Schwerpunkt Möbeldesign und Ausstellungsarchitektur ab. Im Jahr 2011 gründete sie zusammen mit dem Designer Sebastian Amelung das Studio Aust & Amelung. Von 2018 bis 2022 war sie Künstlerische Mitarbeiterin im Fachbereich Produktdesign an der Kunsthochschule Kassel. Ihre Produkte wurden in internationalen Einzel- und Gruppenausstellungen präsentiert und mit zahlreichen Preisen ausgezeichnet. Bereits zum Wintersemester 2022/23 übernahm Miriam Amelung die Vertretungsprofessur an der BURG.

Karsten Födinger, Professor für Bildhauerei / Materialität und Raum

In der Studienrichtung Bildhauerei/Materialität und Raum im Fachbereich Kunst übernahm zum Sommersemester 2023 Karsten Födinger die Professur. Födinger, 1978 in Mönchengladbach geboren, studierte an der Staatlichen Akademie der Bildenden Künste in Karlsruhe bei den Professoren Günter Umberg und später Meuser, als dessen Meisterschüler er 2009 seine Ausbildung abschloss. 2009 war Karsten Födinger Mitbegründer des Mark Pezinger Verlags für Künstler*innenbücher. Von 2018 bis 2023 unterrichtete er als Gastprofessor an der Architekturfakultät der EPFL in Lausanne. Seine Werke wurden in zahlreichen internationalen Einzelausstellungen gezeigt und mit zahlreichen Preisen ausgezeichnet. Seit dem Wintersemester 2022/2023 war Födinger bereits als Gastprofessor an der BURG tätig.

Tobias Hantmann, Professor für Malerische und grafische Praxis

Tobias Hantmann übernahm im Fachbereich Kunst zum 1. November 2023 die Professur für Malerische und grafische Praxis im Studiengang Kunst (Lehramt). Hantmann, geboren 1976 in Kempten, lebt heute in Berlin und Düsseldorf. Er studierte von 1997 bis 2004 Malerei an der Kunstakademie Düsseldorf bei Jan Dibbets und 2001 für ein Jahr an der Universität der Künste Berlin bei Georg Baselitz. Seit 2000 zeigt Tobias Hantmann seine Werke in nationalen und internationalen Offspaces, Galerien, Institutionen und im öffentlichen Raum. Er wurde mit zahlreichen Preisen ausgezeichnet. Seit 2020 ist Tobias Hantmann gemeinsam mit René Luckhardt Herausgeber des monatlich erscheinenden Künstler*innen-Magazins *Zsf – Zeitschrift für*. Seit dem Wintersemester 2022/23 hatte Hantmann die Vertretungsprofessur an der BURG inne.

New appointments

Index

Burg Giebichenstein University of Art and Design Halle appointed five new professors in the Art and Design Faculties between January 2023 and July 2024.

Miriam Amelung, professor of Design Fundamentals/ Three-Dimensional Design

On 1 April 2023, Miriam Amelung became the professor of Design Fundamentals/Three-Dimensional Design in the Design Faculty. Born in Braunschweig in 1984, Amelung studied product design at Kunsthochschule Kassel and received a Diplom degree with a focus on furniture design and exhibition architecture. In 2011, she co-founded Studio Aust & Amelung with the designer Sebastian Amelung. From 2018 – 2022, she was an artistic assistant in the Product Design study programme at Kunsthochschule Kassel. Amelung's products have been presented in international one-woman and group exhibitions and have received many awards. In winter semester 2022/23, she was a deputy professor at BURG.

Karsten Födinger, professor of Sculpture/ Materiality and Space

In summer semester 2023, Karsten Födinger became the professor in the Art Faculty's Sculpture/Materiality and Space study programme. Born in 1978 in Mönchengladbach, Födinger studied at the Staatliche Akademie der Bildenden Künste in Karlsruhe under professors Günter Umberg and Meuser. As Meuser's Meisterschüler, he completed his training in 2009. Födinger co-founded Mark Pezinger Verlag, a publishing house for artist's books, in 2009. From 2018 – 2023, he taught in the Architecture Faculty of École Polytechnique Fédérale de Lausanne as a guest professor. His works have been shown in many international one-man exhibitions and have received many awards. Födinger held the position of guest professor at BURG in the 2022/23 winter semester.

Tobias Hantmann, professor of Painting and Printing Practice

On 1 November, 2023, Tobias Hantmann became the professor of Painting and Printing Practice in the Art (teaching degree) study programme in the Art Faculty. Born in 1976 in Kempten, Hantmann now lives in Berlin and Düsseldorf. From 1997 – 2004, he studied painting at Kunstakademie Düsseldorf under Jan Dibbets, interrupted for a year in 2001 when he studied under Georg Baselitz at Universität der Künste Berlin. Since 2000, Hantmann has exhibited his works in national and international artist-run spaces, galleries, institutions and public spaces. He has received many awards. Since 2020, Hantmann has been the co-publisher of the monthly artist's magazine *Zsf – Zeitschrift für* together with René Luckhardt. Hantmann has also been a deputy professor at BURG since winter semester 2022/23.

Thomas Hawranke, professor of Motion Design and Animation

In the Design Faculty, Thomas Hawranke became the professor of Motion Design and Animation effective 1 August 2023. Born in Bergisch Gladbach in 1977, Hawranke completed his training as a media designer for video/sound in 2003. Subsequently, he worked as a creative content creator and freelance art director and animator. From 2004 – 2009, he studied experimental 3D, surveillance architecture and experimental computer science at the Academy of Media Arts Cologne. In 2005, he joined the susigames artist group as an animator. Hawranke co-founded the interdisciplinary collective Paidia Institute in 2009, which conducted research at the interface of design, art and science. In 2013, Hawranke began doing practice-based post-graduate work at Bauhaus-Universität Weimar and received a doctor's degree in 2018. In summer semester 2023, was a deputy professor at BURG.

Evelyn Sitter, professor of Fashion Design

In summer semester 2023, Evelyn Sitter became the professor of Fashion Design in the Design Faculty. Born in Munich in 1984, she completed her training in graphic art and fashion at Designschule München and then studied fashion design at Universität der Künste Berlin. In her practice, fashion design is closely connected with examination of textile material. After receiving her Diplom, Sitter worked in Paris for Malhia Kent and developed textile designs for couturiers like Chanel, Chloé and Balmain. From 2016 – 2022, she was an artistic assistant in the Institute of Experimental Fashion and Textile Design at Universität der Künste Berlin. In addition to teaching, she worked on international

Thomas Hawranke, Professor für Motion Design und Animation

Im Fachbereich Design übernahm Thomas Hawranke zum 1. August 2023 die Professur für Motion Design und Animation. Hawranke, geboren 1977 in Bergisch Gladbach, schloss zunächst 2003 eine Ausbildung zum Mediengestalter Bild/Ton ab. Im Anschluss arbeitete er als Creative Content Creator sowie als freier Art Director und Animator. Von 2004 bis 2009 studierte er an der Kunsthochschule für Medien Köln mit Schwerpunkt auf Experimentelles 3D, Surveillance Architecture und Experimentelle Informatik. 2005 trat er der Künstlergruppe *susigames* als Animator bei. 2009 gründete er das interdisziplinäre Kollektiv *Paidia Institute* mit, welches an der Schnittstelle von Gestaltung, Kunst und Wissenschaft forschte. Von 2013 bis 2018 promovierte Hawranke praxisbasiert an der Bauhaus-Universität Weimar. Bereits im Sommersemester 2023 übernahm er die Vertretungsprofessur an der BURG.

Evelyn Sitter, Professorin für Modedesign

Die Professur für Modedesign im Fachbereich Design übernahm zum Sommersemester 2023 Evelyn Sitter. Geboren 1984 in München, schloss sie ihre Ausbildung zunächst an der Designschule München in der Fachrichtung Grafik und Mode ab und studierte anschließend Modedesign an der Universität der Künste Berlin. In ihrer Praxis ist Modedesign stark verbunden mit der Auseinandersetzung durch das Textile. Nach ihrem Diplom zog sie für die Firma Malhia Kent nach Paris und entwickelte textile Entwürfe für Modehäuser wie Chanel, Chloé und Balmain. Von 2016 bis 2022 war Evelyn Sitter Künstlerische Mitarbeiterin am Institut für experimentelles Mode- und Textildesign der UdK Berlin. Neben der Lehre arbeitete sie an internationalen Kooperationsprojekten, Modenschauen, Ausstellungen und eigenen Beiträgen für Konferenzen. Bereits zum Sommersemester 2022 übernahm Evelyn Sitter die Gastprofessur sowie im Wintersemester 2022/23 die Vertretungsprofessur für Modedesign.

Dr. Annegret Laabs, Honorarprofessorin für Kunstwissenschaften.

Die renommierte Direktorin des Kunstmuseums Magdeburg Kloster Unser Lieben Frauen, Dr. Annegret Laabs, wurde im Juli 2024 von Rektorin Prof. Bettina Erzgräber zur Honorarprofessorin für Kunstwissenschaften an der Burg Giebichenstein Kunsthochschule Halle ernannt. Dr. Annegret Laabs studierte Kunstgeschichte, Europäische Ethnologie und Archäologie des Mittelalters und der frühen Neuzeit in Bamberg und Marburg, 1997 folgte die Promotion. Im Anschluss daran arbeitete sie als Kustodin an den Staatlichen Kunstsammlungen Dresden. Seit 2001 ist Dr. Annegret Laabs Direktorin des Kunstmuseums Magdeburg Kloster Unser Lieben Frauen. Seit 2014 ist sie in der Lehre der Kunstwissenschaften an der BURG tätig und liefert in Seminaren wichtige Impulse für die Studierenden aus der Perspektive der Museumsarbeit. Seit 2017 ist sie zudem engagiertes Mitglied im Kuratorium der Burg Giebichenstein Kunsthochschule Halle.

collaborative projects, fashion shows, exhibitions and contributions to conferences. In summer semester 2022, Sitter was a guest professor and in winter semester 2022/2023, she was the deputy professor for fashion design.

Dr Annegret Laabs, honorary professor for Art Sciences.

Rector Bettina Erzgräber appointed the renowned director of Kunstmuseums Magdeburg Kloster Unser Lieben Frauen, Dr Annegret Laabs, an honorary professor for Art Sciences at Burg Giebichenstein University of Art and Design Halle in July 2024. Laabs studied art history, European ethnology and the archaeology of the Middle Ages and early modern period in Bamberg and Marburg and received her PhD in 1997. She subsequently worked as a curator at Staatliche Kunstsammlungen Dresden (Dresden State Art Collections). Since 2001, Laabs has been the director of Kunstmuseums Magdeburg Kloster Unser Lieben Frauen. She has taught Art sciences at BURG since 2014, providing inspiration for students from the perspective of museum work. And since 2017, she has been an engaged member of the Board of Trustees of BURG Giebichenstein University of Art and Design Halle.

Professor*innen

Index

FACHBEREICH KUNST

DIPLOMSTUDIENGANG
MALEREI / GRAFIK

Buchkunst

Sabine Golde
Buchkunst

Glas

Natalie Häusler
Malerei/Glas

Vertretungsprofessuren

Reto Pulfer
Malerei/Glas
(Wintersemester 2023/24)

Grafik

Paul McDevitt
Zeichnung und Druckgrafik

Malerei

Tilo Baumgärtel
Malerei

Gastprofessuren

Marie-Thérèse Rink
Malerei
(Wintersemester 2022/23
bis Wintersemester 2023/24)

Anna Neroslavsky
Malerei
(Sommersemester 2024)

Textile Künste

Caroline Achaintre
Malerei/Textile Kunst

DIPLOMSTUDIENGANG PLASTIK

Bildhauerei / Figur

Bruno Raetsch
Plastik/Bildhauerei

Bildhauerei / Materialität
und Raum

Karsten Födinger
Bildhauerei/Materialität
und Raum (ab Sommer-
semester 2023)

Vertretungsprofessuren

Karsten Födinger
Bildhauerei/Materialität
und Raum (Wintersemester
2022/23)

Keramik

Martin Neubert
Plastik/Keramik

Schmuck

Vertretungsprofessuren

Hans Stofer
Plastik/Schmuck
(Wintersemester 2022/23
und Sommersemester 2023)

Julia Walter
Plastik/Schmuck
(Wintersemester 2023/24
und Sommersemester 2024)

Dr. Yuka Oyama
Plastik/Schmuck
(Sommersemester 2024)

Zeitbasierte Künste

Michaela Schweiger
Kunst und Medien

KUNST (LEHRAMT)
UND KUNSTPÄDAGOGIK

Dr. Sara Burkhardt
Kunstpädagogik
und Kunstdidaktik

Stella Geppert
Bildhauerische und
performative Praxis

Tobias Hantmann
Malerische und grafische Praxis
(ab 01.11.2023)

Vertretungsprofessuren

Tobias Hantmann
Kunstpädagogik/Malerische
und grafische Praxis
(Wintersemester 2022/23
bis Wintersemester 2023/24)

KUNSTWISSENSCHAFTEN MA
PROMOTIONS-STUDIENGANG

Dr. Nike Bätzner
Kunstgeschichte

Dr. Sara Burkhardt
Kunstpädagogik und Kunst-
didaktik

Vertretungsprofessuren

Dr. Stephan Gregory
Philosophie
(Wintersemester 2022/23
bis Wintersemester 2023/24)

Kunstwissenschaften

Dr. Nike Bätzner
Kunstgeschichte

Vertretungsprofessuren

Dr. Stephan Gregory
Philosophie
(Wintersemester 2022/23
bis Wintersemester 2023/24)

Dr. Angelika Seppi
Philosophie
(Sommersemester 2024)

Dr. Annegret Laabs
Honorarprofessorin
für Kunstwissenschaften

Kunstmanagement

Dr. Susanne Pfleger
Honorarprofessorin für Kunst-
management

BILDNERISCHE GRUNDLAGEN

Philip Gaißer
Bildnerische Grundlagen/
Fotografie

Michael Jäger
Bildnerische Grundlagen/
Malerei (bis 31.03.2024)

Julia Kröpelin
Bildnerische Grundlagen/
Zeichnung

Rolf Wicker
Bildnerische Grundlagen/
Plastik

Winfried Alexander
apl. Professor für Grafisches
Naturstudium und Perspektiv-
lehre (bis 31.07.2024)

Vertretungsprofessuren

Rosilene Luduvico
Bildnerische Grundlagen/Malerei
(Sommersemester 2024)

FACHBEREICH DESIGN

Industriedesign BA,
Industrial Design MA

Guido Englich
Industrial Design/Strategische
Produkt- und Konzeptentwicklung

Mareike Gast
Industrial Design/Material-
und technologiebasierte
Produktentwicklung

Dieter Hofmann
Industrial Design/Produkt-
und Systemdesign

Vincenz Warnke
Industrial Design

Christian Zöllner
Industrial Design/
Designmethoden und
Experiment

Gastprofessuren

Matthias Zänsler
Industriedesign
(Sommersemester 2023 und
Wintersemester 2023/24)

Spiel- und Lerndesign BA,
Design of Playing and
Learning MA

Karin Schmidt-Ruhland
Spiel- und Lerndesign

Produktdesign Keramik-und
Glasdesign BA, Product Design
and Design of Porcelain,
Ceramics and Glass MA

Laura Straßer
Produktdesign

Professors

Index

ART FACULTY

PAINTING / GRAPHICS
DIPLOM COURSE
Book Art
Sabine Golde
Book Art
Painting / Glass
Natalie Häusler
Painting / Glass
Substitute professor
Reto Pulver
Painting / Glass
(winter semester 2023/24)
Drawing and Printmaking
Paul McDevitt
Drawing and Printmaking
Painting
Tilo Baumgärtel
Painting
Guest professor
Marie-Thérèse Rink
Painting
(winter semester 2022/23
to winter semester 2023/24)
Anna Neroslavsky
Painting
(summer semester 2024)
Textile Arts
Caroline Achaintre
Painting / Textile Arts

PLASTIC ARTS *DIPLOM* COURSE
Figure Sculpture
Bruno Raetsch
Plastic Arts / Sculpture
Sculpture / Materiality and Space
Karsten Födinger
Sculpture / Materiality and Space
(from 01.04.2023)
Substitute professor
Karsten Födinger
Sculpture / Materiality and Space
(winter semester 2022/23)
Ceramics
Martin Neubert
Plastic Arts / Ceramics
Jewellery
Substitute professors
Hans Stofer
Plastic Arts / Jewellery
(winter semester 2022/23)
Julia Walter
Plastic Arts / Jewellery
(winter semester 2023/24 and summer semester 2024)
Dr Yuka Oyama
Plastic Arts / Jewellery
(summer semester 2024)
Time-based Arts
Michaela Schweiger
Art and Media

ART EDUCATION
AND ART PEDAGOGY
Dr Sara Burkhardt
Art Pedagogy and Art Didactics
Stella Geppert
Art Pedagogy / Sculptural and Spatial Practice
Tobias Hantmann
Painting and Printing Practice
(from 01.11.2023)
Substitute professor
Tobias Hantmann
Art Pedagogy / Painting and Printing Practice
(winter semester 2022/23
to winter semester 2023/24)

ART STUDIES MA
DOCTORAL COURSE
Dr Nike Bätzner
History of Art
Dr Sara Burkhardt
Art Pedagogy and Art Didactics
Substitute professor
Dr Stephan Gregory
Philosophy
(winter semester 2022/23
to winter semester 2023/24)
Art Sciences
Dr Nike Bätzner
History of Art
Substitute professors
Dr Stephan Gregory
Philosophy
(winter semester 2022/23
to winter semester 2023/24)
Dr Angelika Seppi
Philosophy
(summer semester 2024)
Dr Annegret Laabs
honoray professor of Art Sciences
Art Management
Dr Susanne Pfleger
Art Management

ART FUNDAMENTALS
Philip Gaißer
Art Fundamentals / Photography
Michael Jäger
Art Fundamentals / Painting
(until 31.03.2024)
Julia Kröpelin
Art Fundamentals / Drawing
Rolf Wicker
Art Fundamentals / Plastic Arts
Winfried Alexander
apl. professor of Graphic Nature Study and Perspective Teaching
(until 31.07.2024)
Substitute professor
Rosilene Luduvico
Art Fundamentals / Painting
(summer semester 2024)

DESIGN FACULTY

Industrial Design BA,
Industrial Design MA
Guido Englich
Industrial Design / Strategic Product and Concept Development
Mareike Gast
Industrial Design / Material and Technology-Based Product Development
Dieter Hofmann
Industrial Design / Product and System Design
Vincenz Warnke
Industrial Design
Christian Zöllner
Industrial Design / Design in Digital Contexts
Guest professor
Matthias Zänsler
Industrial Design (summer semester 2023 and winter semester 2023/24)
Design of Playing and Learning BA, Design of Playing and Learning MA
Karin Schmidt-Ruhland
Design of Playing and Learning
Product Design / Ceramic and Glass Design BA, Product Design and Design of Porcelain, Ceramics and Glass MA
Laura Straßer
Product Design
Interior Architecture BA, Furniture and Interior Design MA, Interior Architecture MA
Klaus Michel
Interior Architecture / Mobile Furnishings
Axel Müller-Schöll
Interior Architecture / Interior Structures

Innenarchitektur BA, Furniture and Interior Design MA, Interior Architecture MA
Klaus Michel
Innenarchitektur/ Mobile Einrichtungen
Axel Müller-Schöll
Innenarchitektur/ Ausbaukonstruktion
Rita Rentzsch
Innenarchitektur/ Raumfunktionslehre
Vertretungsprofessuren
Robert Laser
Innenarchitektur/Raumkomposition (Sommersemester 2023 bis Wintersemester 2023/24) und Innenarchitektur/ Ausbaukonstruktion (Sommersemester 2024)
Gastprofessuren
Juliane Bardtholdt
Innenarchitektur/ Ausbaukonstruktion (Wintersemester 2023/24)
Robert Laser
Innenarchitektur (Wintersemester 2022/23)
Konrad Lohöfener
Innenarchitektur/ Mobile Einrichtungen (Wintersemester 2023/24)
Julia Taubert
Innenarchitektur (Wintersemester 2022/23)
Johanna Padge
Innenarchitektur (Sommersemester 2024)
Modedesign BA, Conceptual Fashion Design MA
Lars Paschke
Modedesign
Evelyn Sitter
Modedesign (ab Sommersemester 2023)
Vertretungsprofessuren
Evelyn Sitter
Modedesign (Wintersemester 2022/23)
Textildesign BA, Conceptual Textile Design MA
Bettina Göttke-Krogmann
Textildesign
Gastprofessuren
Anna Gronemeyer
Textildesign (Sommersemester 2024)
Julia Kortus
Textildesign (Sommersemester 2024)
Kommunikationsdesign BA, Visual Strategies and Stories MA
Georg Barber
Kommunikationsdesign/ Illustration
Matthias Görlich
Kommunikationsdesign/ Informationsdesign
Stephanie Kiwitt
Kommunikationsdesign/ Fotografie
Andrea Tinnes
Kommunikationsdesign/ Schrift und Typografie
Vertretungsprofessuren
Anna Lena von Helldorff
Kommunikationsdesign (Wintersemester 2022/23)
Jana Reddemann
Kommunikationsdesign (Sommersemester 2023) und Kommunikationsdesign/ Intermediale Gestaltung (Wintersemester 2023/24 und Sommersemester 2024)
David Liebermann
Kommunikationsdesign/ Intermediale Gestaltung (Wintersemester 2023/24 und Sommersemester 2024)
Gastprofessuren
Lisa Baumgarten
Kommunikationsdesign/ Informationsdesign (Wintersemester 2022/23 und Sommersemester 2023)
Alexander Sandy Kaltenborn
Kommunikationsdesign/ Informationsdesign (Wintersemester 2023/24 und Sommersemester 2024)
Multimedia | Virtual Reality-Design BA, Multimedia Design MA
Anette Scholz
Design digitaler Produkte
Bernd Hanisch
Produkt- und VR-Design
Jonas Hansen
Design und Medientechnologie
Thomas Hawranke PhD
Motion Design und Animation (seit 01.08.2023)
Vertretungsprofessuren
Thomas Hawranke PhD
Motion Design und Animation (Sommersemester 2023)

DESIGN STUDIES MA
Promotions-Studiengang
Dr. Pablo Abend
Designtheorie
Dr. Veronica Biermann
Design- und Architekturgeschichte
Vertretungsprofessuren
Dr. Claudia Muth
Psychologie der Gestaltung (Wintersemester 2022/23 und Sommersemester 2023)
Designwissenschaften
Dr. Pablo Abend
Designtheorie
Dr. Veronica Biermann
Design- und Architekturgeschichte
Vertretungsprofessuren
Dr. Claudia Muth
Psychologie der Gestaltung (Wintersemester 2022/23 und Sommersemester 2023)
Gastprofessuren
Juliane Aleithe
Design- und Architekturgeschichte (Wintersemester 2022/23 und Sommersemester 2023)
Dr. Martin Grunwald
Psychologie der Gestaltung (Wintersemester 2023/24 und Sommersemester 2024)
Dr. Christina Katharina May
Design- und Architekturgeschichte (Wintersemester 2023/24 und Sommersemester 2024)

GESTALTERISCHE UND KÜNSTLERISCHE GRUNDLAGEN
Miriam Amelung
Grundlagen der Gestaltung/ Dreidimensionales Gestalten (ab Sommersemester 2023)
Bettina Erzgräber
Zeichnen und bildnerisches Gestalten
Florian Kühnle
Grundlagen der Gestaltung/ Prozess und Interaktion
Vertretungsprofessuren
Miriam Amelung
Grundlagen der Gestaltung/ Dreidimensionales Gestalten (Wintersemester 2022/23)
Bärbel Messmann
Gestalterische und Künstlerische Grundlagen (Wintersemester 2022/23 bis Sommersemester 2024)
Gastprofessuren
Stefan Steiner
Gestalterische und Künstlerische Grundlagen (Sommersemester 2023 bis Sommersemester 2024)

DESIGNMARKETING
Jan Teunen
Honorarprofessor für Designmarketing

DESIGNRECHT UND EXISTENZGRÜNDUNG
Dr. Alexander Bretz
Honorarprofessor für Designrecht und Existenzgründung

Rita Rentzsch
Interior Architecture/ Function of Spaces
Subsitute professor
Robert Laser
Interior Architecture/ Space composition (summer semester 2023 to winter semester 2023/24) and Interior Structures (summer semester 2024)
Guest professors
Juliane Bartholdt
Interior Architecture / Interior Structures (winter semester 2023/24)
Robert Laser
Interior Architecture (winter semester 2022/23)
Konrad Lohöfener
Interior Architecture/Mobile Furnishings (winter semester 2023/24)
Julia Taubert
Interior Architecture (winter semester 2022/23)
Johanna Padge
Interior Architecture (summer semester 2024)
Fashion Design BA, Conceptual Fashion Design MA
Lars Paschke
Fashion Design
Evelyn Sitter
Fashion Design (from 01.04.2023)
Subsitute professor
Evelyn Sitter
Fashion Design (winter semester 2022/23)
Textile Design BA, Conceptual Textile Design MA
Bettina Göttke-Krogmann
Textile Design
Guest professors
Anna Gronemeyer
Textile Design (summer semester 2024)
Julia Kortus
Textile Design (summer semester 2024)
Communication Design BA, Visual Strategies and Stories MA
Georg Barber
Communication Design/ Illustration
Matthias Görlich
Communication Design/ Information Design
Stephanie Kiwitt
Communication Design/ Photography
Andrea Tinnes
Communication Design/ Type and Typography
Subsitute professors
Anna Lena von Helldorf
Communication Design (winter semester 2022/23)
Jana Reddemann
Communication Design (summer semester 2023) and Communication Design/ Intermedia Design (winter semester 2023/24 and summer semester 2024)
David Liebermann
Communication Design/ Intermedia Design (winter semester 2023/24 and summer semester 2024)
Guest professors
Lisa Baumgarten
Communication Design/ Information Design (winter semester 2022/23 and summer semester 2023)
Alexander Sandy Kaltenborn
Communication Design/ Information Design (winter semester 2023/24 and summer semester 2024)
Multimedia|Virtual Reality Design BA, Multimedia Design MA
Anette Scholz
Digital Product Design
Bernd Hanisch
Product and VR Design
Jonas Hansen
Design and Media Technology
Thomas Hawranke PhD
Motion Design and Animation (from 01.08.2023)
Subsitute professor
Thomas Hawranke PhD
Motion Design and Animation (summer semester 2023)

DESIGN STUDIES MA DOCTORAL COURSE

Dr Pablo Abend
Design Theory
Dr Veronica Biermann
Design and Architectural History
Subsitute professor
Dr Claudia Muth
Psychology of Design (winter semester 2022/23 and summer semester 2023)

DESIGN SCIENCES

Dr Pablo Abend
Design Theory
Dr Veronica Biermann
Design and Architectural History
Subsitute professor
Dr Claudia Muth
Psychology of Design (winter semester 2022/23 and summer semester 2023)
Guest professors
Juliane Aleithe
Design and Architectural History (winter semester 2022/23 and summer semester 2023)
Dr Martin Grundwald
Psychology of Design (winter semester 2023/24 and summer semester 2024)
Dr Christina Katharina May
Design and Architectural History (winter semester 2023/24 and summer semester 2024)

DESIGN FUNDAMENTALS

Miriam Amelung
Design Fundamentals/ Three-Dimensional Design (from 01.04.2023)
Bettina Erzgräber
Drawing and Visual Arts
Florian Kühnle
Design Fundamentals/Process and Interaction
Substitute professors
Miriam Amelung
Design Fundamentals/ Three-Dimensional Design (winter semester 2022/23)
Bärbel Messmann
Design Fundamentals (winter semester 2022/23 to summer semester 2024)
Guest professor
Stefan Steiner
Design Fundamentals (summer semester 2023 to summer semester 2024)

DESIGN MARKETING

Jan Teunen
honorary professor of Design Marketing

DESIGN LAW AND BUSINESS START-UPS

Dr Alexander Bretz
honorary professor of Design Law and Business Start-ups

Preise und Auszeichnungen

PREISE UND AUSZEICHNUNGEN 2023

In chronologischer Reihenfolge werden ausgewählte Preise, Anerkennungen und Auszeichnungen aus dem Jahr 2023 vorgestellt, die Hochschullehrer*innen, Studierende oder Absolvent*innen, die noch nicht lange die Hochschule verlassen haben, erhielten.

Christel Kiesel de Miranda, Absolventin der Studienrichtung Industriedesign, wurde mit dem Kunstförderpreis der Stadt Linz in der Sparte *Bildende Kunst und interdisziplinäre Kunstformen* ausgezeichnet. In ihrer künstlerischen Praxis beschäftigt sich Kiesel mit der Thematik der Transformation von deindustrialisierter Landschaft, insbesondere in der Region der Niederlausitz als Teilgebiet des Lausitzer Braunkohlereviers.

Den Kunstpreis der Stiftung der Saalespaekasse 2023 → S. 18

Magdalena Sophie Orland, Alumna des Conceptual Textile Design an der BURG, wurde für ihre Vasenserie *LANDMARK*, die sie gemeinsam mit Susanne Ostwald unter dem Label OODD Studios kreierte, mit dem BKV-Preis 2023 für Junges Kunsthandwerk ausgezeichnet. Die Serie *LANDMARK* ist eine Neuentwicklung von dreidimensionalen Textilobjekten, die die funktionalen Aspekte eines Gefäßes erfüllen können, aber nicht müssen.

Absolvent der Studienrichtung Keramik der BURG, Johannes Nagel, wurde für seine beiden Vasen *Silhouette #28/blue* und *cuts #29/gentle flow* mit dem Bayerischen Staatspreis für besondere gestalterische und technische Leistung im Handwerk 2023 prämiert. Die ausgezeichneten Arbeiten repräsentieren zwei verschiedene Werkgruppen. *Silhouette #28/blue* ist mit Hilfe einer Schablone als negative Form in Sand gegraben, *cuts #29/gentle flow* ist durch das fortgesetzte Zersägen einer Gießform aus Gips entstanden.

Josua Roters, Student des Industrial Designs der BURG, wurde für seine Arbeit *Maßbandleuchte* im 1&20 Designwettbewerb des German Design Council geehrt. Im Projekt *Maßbandleuchte* werden LED-Bänder mit einem Trägermaterial aus flexiblem Stahl kombiniert, um individuell formbare Leuchtkörper zu kreieren.

Der Green Concept Award 2023 nominierte Sarah Heber-Kohlmann, Burg-Alumna des Masterstudiengangs Product Design and Design of Porcelain, Ceramics and Glass mit dem Projekt *myGROW*. Die Arbeit ist ein modulares Anzuchtsystem für Sprossen und Mikrogrün und bietet eine autarke Quelle für Lebensmittel in den eigenen vier Wänden.

Für ihre Arbeit *AIROLID*, einer aufblasbaren Pendelleuchte, erhielt die Burg-Absolventin Magdalena Fahrner im 1&20 Designwettbewerb des Rates für Formgebung (German Design Council) eine Auszeichnung. Magdalena Fahrner ist Absolventin des Studiengangs Innenarchitektur.

Alva Berlich, Studentin der Studienrichtung Zeitbasierte Künste im Fachbereich Kunst, wurde mit ihrem Kurzfilm *Ensemble probt: Gemeinde auf dem Bau* bei der diesjährigen Ausgabe des KURZSUECHTIG – Mitteldeutsches Kurzfilmfestival nominiert. Die Arbeit ist eine persönliche Auseinandersetzung mit Glaube, Kirche und Religion.

Die Bildhauerin und Burg-Absolventin Julia Eichler wurde mit dem 2023 erstmals von der Burg Giebichenstein Kunsthochschule Halle und von dem Worpswede Künstlerhaus e.V. vergebenen Worpswede-Stipendium ausgezeichnet.

Den Förderpreis des Perron Kunstpreis 2023 erhielten Burg-Absolventin Romina Ried und Burg-Studentin Lina Wiedwald für ihre Gemeinschaftsarbeit *Zucker, Honig, Tee* in der Sparte Porzellan der Stadt Frankenthal (Pfalz).

Die Publikation *Imagine: Promoting Dance Culture and progressive Futures of Clubbing* von Andrea Tinnes, Professorin für Kommunikationsdesign/Schrift und Typografie, wurde mit dem Certificate of Typographic Excellence des Type Directors Club New York prämiert. Die Publikation enthält Beiträge von Studierenden aus dem Kommunikationsdesign und den Gestalterischen und Künstlerischen Grundlagen.

Anne Kaden, Künstlerische Mitarbeiterin im Dekanat Design an der BURG, wurde im Rahmen der Blickfang Designmesse 2023 für ihr Schmucklabel und die Schmuckserie *Memento* mit dem Blickfang Designpreis in der Kategorie Mode und Accessoires ausgezeichnet. Die Kollektion von Anne Kaden fängt besondere Orte und Lebenssituationen ein, indem 925er Silber im Erdboden erhitzt und abgelöscht wird. Die entstehenden Unikate manifestieren die Beziehung zwischen Menschen und Entstehungsorten durch nachhaltige Einflüsse von Erde, Feuer, Luft und Wasser.

In diesem Jahr ging der PLAYGROUND ART PRIZE 2023 der Galerie VON & VON an die ehemalige Studierende der BURG Lotti Brockmann für ihre Arbeit *Stolen Statues (Licked)*. Die Serie *Stolen Statues (Licked)* ist eine fortlaufende Sammlung von 1:1-Abformungen von öffentlichen Statuen in Wien, bei der die aus karamellisiertem Zucker gegossenen Skulpturen von Betrachter*innen geleckt werden können. Das Projekt inkorporiert und verflüssigt sowohl das Material als auch die kulturell und sprachlich geprägten Statuen, die in Machtverhältnisse eingeschrieben sind, im Kontext von Zeit und Raum.

Prizes and awards

PRIZES AND AWARDS 2023

In chronological order, the selected prizes, honours, and awards that university students, recent graduates or teachers received in 2023 are presented here.

Christel Kiesel de Miranda, a graduate of the Industrial Design study programme at BURG, was awarded the City of Linz award for the advancement of the arts in the category Fine art and interdisciplinary art forms. In her artistic practice, Kiesel examines the transformation of de-industrialised landscapes, in particular in Lower Lusatia, which is part of the Lusatia lignite mining region.

2023 Saalesparkasse Foundation Art Award → p. 18

Magdalena Sophie Orland, alumna of Conceptual Textile Design at BURG, received the BKV-Prize 2023 for Young Applied Arts for the vase series *LANDMARK*, which she created together with Susanne Ostwald under the label OODD Studios. The series is a new development of three-dimensional textile objects that can fulfil the functional aspects of a vase but have other functions as well.

A graduate of the Ceramics study programme, Johannes Nagel, received an award for his vases *Silhouette #28/ blue* and *cuts #29/gentle flow*. the Bavarian State Prize 2023 for outstanding design and technical achievement in artisan craftsmanship. The winning works represent two different groups of works. *Silhouette #28/blue* was buried in the sand as a negative form with the help of a template and *cuts #29/gentle flow* is the result of sawing a plaster mould apart in stages.

Josua Roters, an Industrial Design student at BURG, was honoured for his work *Maßbandleuchte* (Tape measure light) in the 1&20 Design Competition of the German Design Council. In the project, LED strips were combined with a supporting material made of flexible steel to create a light fixture that can be shaped as desired.

Sarah Heber-Kohlmann, a BURG alumna of the Product Design and Design of Porcelain, Ceramics and Glass master's programme, was nominated for the Green Concept Award 2023 for her project *myGROW*. The work is a modular cultivation system for sprouts and micro greens that offers an independent source of food at home.

For her work *AIROLID*, an inflatable ceiling lamp, the BURG graduate Magdalena Fahrner received an award from the 1&20 Design Competition of the German Design Council. Magdalena Fahrner is a graduate of the Interior Architecture study programme.

With her short film *Ensemble probt: Gemeinde auf dem Bau*, Alva Berlich, a student in the Time-based Arts study programme in the Art Faculty was nominated for this year's edition of KURZSUECHTIG – Mitteldeutsches Kurzfilmfestival, the short film festival. Her work is a personal examination of themes around belief, the church and religion.

The sculptor and BURG alumna Julia Eichler is the first recipient of the Worpswede Scholarship, a scholarship of Burg Giebichenstein University of Art and Design Halle in partnership with Künstlerhäuser Worpswede e.V. newly endowed in 2023.

The Young Talents Award of Perron Kunstpreis 2023 of the city of Frankenthal (Pfalz) was conferred on the BURG alumna Romina Ried and BURG student Lina Wiedwald for their joint work *Zucker, Honig, Tee (Sugar, Honey, Tea)* in the category Porcelain.

The publication *Imagine: Promoting Dance Culture and Progressive Futures of Clubbing* by Andrea Tinnes, professor of communication design/writing and typography, received the Certificate of Typographic Excellence of the Type Directors Club New York. The publication contains articles by students in Communication Design and Fundamentals of Design and Art.

Anne Kaden, artistic assistant in the Design Faculty, received the Blickfang Design Prize as part of the 2023 Blickfang trade fair for her jewellery label and the jewellery series *Memento* in the category Fashion and accessories. The collection by Anne Kaden captures special places and life situations by heating sterling silver in the ground and extinguishing it. The resulting unique pieces manifest the relationship between humans and places of origin through the long-term influences of the four elements earth, fire, air and water.

This year, PLAYGROUND ART PRIZE 2023 from Galerie VON & VON went to a BURG alumna, Lotti Brockmann, for her work *Stolen Statues* (Licked). The series *Stolen Statues (Licked)* is a continuous collection of 1:1 impressions of public statues in Vienna in which viewers can lick the sculptures cast in caramelised sugar. The project incorporates and liquefies both the material and the culturally and linguistically determined statues – which are inscribed in power structures – in the context of time and space.

Lisa Kohl, an alumna of the Sculpture/Materiality and Space study programme at BURG, received the Prix d'Art Robert Schuman for her artistic works this year. The sculptural video-sound installation *ACROSS* (2022), the photographic series *HALIDOM* (2022), the video work *THE GAME* (2022), and the photographic work *BLINDSPOT* (2022) all focus on the themes of war, flight, and expulsion.

Designed and published by former BURG students, the publication *Der Halle-Prozess: Hintergründe und Perspektiven (The Halle Trial: Background and perspectives)*

Lisa Kohl, Alumna der Bildhauerei/Materialität und Raum der BURG, erhielt für ihr künstlerisches Schaffen den Kunstpreis Robert Schuman. Die skulpturale Video-Ton-Installation *ACROSS* (2022), die fotografischen Serie *HALIDOM* (2022), die Video-Arbeit *THE GAME* (2022) und das fotografische Werk *BLINDSPOT* (2022) beschäftigen sich unter anderem mit den Themen Krieg, Flucht und Vertreibung.

Die von ehemaligen Burg-Studierenden gestaltete und herausgegebene Publikation *Der Halle-Prozess: Hintergründe und Perspektiven* wurde von der Stiftung Buchkunst als eines der Schönsten Deutschen Bücher 2023 ausgezeichnet. Außerdem schaffte es die neunte Ausgabe des *Neuwerk – Magazin für Designwissenschaften* mit dem Titel *Show Hidden Objects*, kuratiert von Studierenden des Masterstudiengangs Design Studies an der BURG, ebenso auf die Shortlist der Schönsten Deutschen Bücher 2023. Gestaltet wurde *Neuwerk #9* von den Studentinnen Lore Elstermann und Nadine Härting aus dem Kommunikationsdesign der BURG. Die Publikation erhielt einen der insgesamt 15 Plätze auf der Shortlist in der Kategorie Wissenschaftliche Bücher, Fachbücher, Lehr- und Schulbücher.

Für ihre Kollektion *Flowers in the Fog* erhielt Nanyi Li, Alumna des Conceptual Fashion Design der BURG, den 3. Preis des Apolda European Design Award. In der Kollektion treffen westliche und chinesische Tradition aufeinander – die Designerin animierte durch gezielte Verwirrung zum genaueren Hinsehen.

Die Studierenden der Studienrichtung Industriedesign, Lion Sanguinette und Jonathan Stein, wurden für ihr Projekt *opencyclone* mit dem Titel *Vision des Jahres* ausgezeichnet. Vergeben wurde der Titel im Rahmen des BESTFORM-AWARD 2023. Das Produktions- und Vertriebsverfahren *opencyclone* für Open-Source-Hardware wurde am Beispiel eines Staubsaugers entworfen und kann von privaten oder wirtschaftlichen Personen in drei Varianten produziert werden. Außerdem konnte sich Sophia Reißenweber, Master-Studentin aus dem Industrial Design, mit ihrem Projekt *flushed* zu den Finalist*innen zählen.

Der Künstlerische Mitarbeiter der Innenarchitektur und Absolvent des Industriedesigns, Jacobo Cuesta Wolf, gewann einen der iF Design Student Award für sein modulares Möbelsystem *Hulot*. Es strebt durch sein zirkuläres Nutzungsmodell an, die Verantwortung für Produkte zwischen Produzent*innen und Nutzer*innen neu zu gestalten, indem diese aufzeigt, dass die Hälfte des Sperrmülls aus brauchbaren Möbeln besteht.

Im Jahr 2023 konnte die BURG gleich 21 Burg-Alumni zu ihren Nominierungen für den German Design Award in der Kategorie *Newcomer* gratulieren. Die angehenden Designer*innen aus den Studienrichtungen Mode- und Textildesign, Industriedesign, Kommunikationsdesign und dem Studiengang Innenarchitektur, überzeugten mit ihren außergewöhnlichen Design-Projekten und Positionen.

Anna Unterstab, Künstlerische Mitarbeiterin im Kommunikationsdesign der BURG, wurde bei den German Design Graduates Award in der Kategorie Gesellschaft und Gemeinschaft für ihr queer-feministisches Projekt *Bücheria* prämiert worden. Ziel des Projektes ist es, Nachbar*innen über eine Stadtteilbibliothek langfristig zu vernetzen, über Literatur in den Austausch zu kommen und Teilnehmende auf diesem Weg zu *empowern*.

Das Projekt *MFG Mobile Sauna* der Studierenden Sophia Reißenweber (Industrial Design, M. A.), Emil Löber (Industrial Design, M. A.) und Friedrich Gerlach (Industriedesign, B. A.) gewann den Pure Talents Contest in der Kategorie *Leben und Wohnen in Städten mit wenig Raum*. Außerdem wurden sie mit der Mobilen Sauna für einen der begehrten Dezeen Awards 2023 vorgeschlagen.

Hugo Horstmann de la Viña, Kommunikationsdesign-Student der Burg Giebichenstein Kunsthochschule Halle im Fachbereich Design, wurde mit dem DAAD-Preis für ausländische Studierende 2023 ausgezeichnet. Der aus Spanien stammende Student erhielt den mit 1.000 Euro dotierten Preis des Deutschen Akademischen Austauschdienstes (DAAD) für seine herausragende Leistung und sein bemerkenswertes soziales Engagement.

Anlässlich der Jahresausstellung der BURG bespielte Kunst (Lehramt)-Student Gustav Henno Stolze den hr.fleischer – Kiosk am Reileck. Sein Konzept *Der Schlüssel zur Stadt liegt auf der Straße*, das sich mit den Grenzen des öffentlichen Raumes und um das stetig aktuelle Thema von Freiheit und Sicherheit auseinandersetzte, gewann den Open Call zur Realisierung eines Ausstellungsprojektes im hr.fleischer Kiosk.

Das Künstler*innenduo Collectif Grapain mit den in Hannover lebenden Geschwistern Arnaud und Maëva Grapain erhielt den von der Burg Giebichenstein Kunsthochschule Halle vergebenen Gustav-Weidanz-Preis für Plastik 2023. Das Collectif Grapain setzte sich mit seinen Arbeiten gegen 68 Bewerbungen aus dem gesamten Bundesgebiet durch. Die Auszeichnung ist mit 2.500 Euro dotiert und ermöglicht den beiden Preisträger*innen eine Kabinettausstellung, die im Sommer 2024 im Kunstmuseum Moritzburg Halle (Saale) zu sehen sein wird, sowie eine Begleitpublikation.

In diesem Jahr belegten Hyeon Won, Namju Kim und Kyoungjin Lee aus dem Studiengang Industriedesign, sowie Hyeongjeong Lim aus dem Studiengang Kommunikationsdesign den 1. Platz beim Model Young Package Wettbewerb in der Kategorie *Unlimited*. Nominiert waren sie für ihr Projekt *Fold up Pick up*.

Thomas Rug, ehemaliger Professor für Grafik an der BURG, gewann in diesem Jahr den Halleschen Kunstpreis, der seit 2008 vom Halleschen Kunstverein vergeben wird.

Lisann Greiner-Bechert, Studierende der Studienrichtung Zeitbasierte Künste, belegte beim Verstärker Kunstfilm-Festival 2023 mit ihrem Film *Windpark: Ein Lichtspiel bei Nacht* den 2. Platz. Für ihr medienpädagogisches Projekt *Blackwood Films* setzte sie sich außerdem beim Ideenwettbewerb des Kindermedienlandes Baden-Württemberg durch und erhielt 20.000 Euro Förderung für ihre Projekte.

was one of the recipients of the best german book design 2023 award by stiftung buchkunst. Further, the ninth issue of *Neuwerk – Magazin für Designwissenschaften* with the title *Show Hidden Objects*, which was curated by students in the Design Studies master's programme, made it onto the shortlist of the best german book design 2023 nominees. *Neuwerk #9* was designed by the students Lore Elstermann and Nadine Härting in the Communication Design study programme at BURG. The publication received one of the 15 places on the shortlist in the category Science books, technical books, teaching books and textbooks.

For her collection *Flowers in the Fog* Nanyi Li, an alumna of the Conceptual Fashion Design master's programme at BURG, received third prize in the Apolda European Design Award. Western tradition meets China in her collection, in which the designer uses systematic confusion to motivate viewers to take a very close look.

The Industrial Design students Lion Sanguinette and Jonathan Stein were honoured with the title *Vision of the Year* for their project *opencyclone*. The title was conferred as part of the BESTFORM AWARD 2023. The production and sales process *opencyclone* for open-source hardware was designed using a vacuum cleaner as an example and can be produced by private persons or commercial entities in three variants. With her project *flushed*, Sophia Reißenweber, a student in the Industrial Design master's programme, was also one of the finalists.

The artistic assistant in Interior Architecture and Industrial Design alumnus Jacobo Cuesta Wolf won an iF Design Student Award for his modular furniture system *Hulot*. With his circular utilisation model, Cuesta Wolf aims to redesign the responsibility for products between their producer and users by demonstrating that half of bulky household trash is made up of usable furniture.

In 2023, BURG was able to congratulate 21 alumni for being nominated for the German Design Award in the category Newcomer. The future designers from the study programmes Fashion and Textile Design, Industrial Design, Communication Design and the Interior Architecture study programme impressed the jury with their extraordinary design projects and approaches.

Anna Unterstab, an artistic assistant in Communication Design at BURG, was honoured for her queerfeminist project *Bücheria* at the German Design Graduates Award in the category Society and community. The project aims to network neighbours via a neighbourhood library for the long term, begin a discussion about literature and in this way, to *empower* the participants.

The project *MFG Mobile Sauna* by the students Sophia Reißenweber (Industrial Design, M. A.), Emil Löber (Industrial Design, M. A.), and Friedrich Gerlach (Industrial Design, B. A.) won the Pure Talents Contest in the category Life and living in cities with restricted space. With their mobile sauna, they were also nominated for one of the coveted Dezeen Awards 2023.

Hugo Horstmann de la Viña, a Communication Design student at BURG Giebichenstein University of Art and Design Halle in the Design Faculty, was awarded the DAAD Prize for outstanding achievements of international students studying at German universities 2023. The student from Spain received the prize endowed with €1,000 from the German Academic Exchange Service (DAAD) for his outstanding performance and remarkable social commitment.

At the BURG annual exhibition, Industrial Design student Gustav Henno Stolze occupied hr.fleischer – Kiosk am Reileck, a former snack bar in Halle. His concept *Der Schlüssel zur Stadt liegt auf der Straße* (The key to the city is lying on the street), which examines the boundaries of public space along with the perennial topics of freedom and security, won the open call for the realisation of an exhibition project in the hr.fleischer snack bar.

The artist duo Collectif Grapain, comprising the siblings Arnaud and Maëva Grapain from Hanover, received the 2023 Gustav Weidanz Award for sculpture from Burg Giebichenstein University of Art and Design Halle. The works from the Collectif Grapain were selected from a field of 68 applicants statewide. The award is endowed with € 2,500 and enables the two winners to mount a small-scale exhibition with accompanying publication on view in Kunstmuseum Moritzburg Halle (Saale) in summer 2024.

This year, Hyeon Won, Namju Kim and Kyoungjin Lee from the Industrial Design study programme and Hyeongjeong Lim from the Communication Design study programme took first place in the Model Young Package Competition in the category Unlimited. They were nominated for their project Fold up Pick up.

Thomas Rug, the former professor for graphic arts BURG, received this year's Halleschen Kunstpreis art award, which the Halle Art Association has conferred since 2008.

Lisann Greiner-Bechert, a student in the Time-based Arts study programme took second place in the 2023 Verstärker Art-Film-Festival with her film *Windpark: Ein Lichtspiel bei Nacht* (Wind farm: A play of lights at night). For her media-pedagogic project *Blackwood Films*, she also won the Ideenwettbewerb des Kindermedienlandes Baden-Württemberg competition for ideas for children's media and received funding in the amount of € 20,000 for her projects.

For the Design Mission Award of the Sächsischen Staatspreises für Design 2023, a design award from the state of Saxony, the projects of eight alumni and students of BURG received awards in various categories. Six students were also nominated.

This year, the silversmith and industrial designer Anne Kaden was awarded second place for Angewandte Kunst der Berliner Volksbank endowed with €1,000 during the Zeughaus trade fair in Berlin. Kaden works as an artistic assistant in the Design Faculty at BURG.

Virginia Reil, an alumna of the Conceptual Textile Design master's programme, received the renowned 2023 German Ecodesign Award in the category Young talent for her work *Layers of Value*. Jacobo Cuesta Wolf, an alumnus of the Industrial Design master's programme

Für den Design Mission Award des Sächsischen Staatspreises für Design 2023 wurden acht Alumni und Studierende der BURG in verschiedenen Kategorien mit ihren Projekten ausgezeichnet. Sechs Studierende erhielten zudem Nominierungen.

In diesem Jahr erzielte die Silberschmiedin und Industriedesignerin Anne Kaden, die als Künstlerische Mitarbeiterin im Dekanat Design der BURG tätig ist, den mit 1.000 Euro dotierten 2. Platz für Angewandte Kunst der Berliner Volksbank, der während der Zeughausmesse in Berlin verliehen wird.

Virginia Reil, Alumna des Master-Studiengangs Conceptual Textile Design, wurde für ihre Arbeit *Layers of Value* mit dem renommierten Bundespreis Ecodesign 2023 in der Kategorie Nachwuchs ausgezeichnet. Jacobo Cuesta Wolf, Künstlerischer Mitarbeiter des Studiengangs Innenarchitektur an der BURG und Alumnus des Master-Studiengangs Industrial Design, erhielt für seine Arbeit *NEW GRID* eine Nominierung.

Der mit 2.500 Euro dotierte Brinckmann Förderpreis 2023 wurde während der Messe des Hamburger Museums für Kunst und Gewerbe (MK & G) in diesem Jahr an Alexandra Stein verliehen. Die Künstlerin ist Alumna der Studienrichtung Keramik an der BURG und erhielt die Auszeichnung für ihre Keramik-Serie *Random Vassels*.

Das Produkt *CompoDry – Demontage durch Kompostierung*, eine Arbeit die den Einsatz von mikrobiell erzeugten Materialien in elektrischen Kleingeräten erkundet, dessen Designer der Industrial Design-Alumnus Eric Geißler ist, wurde mit dem internationalen Green Product Award ausgezeichnet.

Friederike von Hellermann, Mitarbeiterin für Gestalterische und Künstlerische Grundlagen an der BURG, gewannt den Judges' Choice Award auf der Oxford Fine Press Book Fair 2023 für ihre Publikation *BILINGUALes ANIMALisches ALPHABET*. Das zweisprachige Alphabet-Buch besticht durch einzigartige geometrische Formsprache und individuelle Tierporträts.

Anne Richter, Absolventin des Masterstudiengangs Conceptual Textile Design, und Kristin Nebauer, ebenfalls Alumna aus Conceptual Textile Design und Künstlerische Mitarbeiterin in der Studienrichtung Textildesign an der BURG, wurden vom Sächsischen Ministerium für Energie, Klima, Umwelt und Landwirtschaft mit dem eku Zukunftspreis 2023 in der Kategorie Idee ausgezeichnet. Prämiert wurde das Gründungsvorhaben *pre•matter*, welches die Herstellung von Heim- und Objekttextilien aus 100 % Recyclingfasern zum Ziel hat.

Den 3. Platz in der Vario Design Competition 2023 erreichte in diesem Jahr Magdalena Fahrner, Studierende der Innenarchitektur, mit ihrer Arbeit *Flip me*, einer Funktionsfläche, die von einem Untergestell mit einer raffinierten Klappmechanik getragen wird.

Studentin des Studiengangs Schmuck, Katharina Briksi, wurde mit dem Förderpreis der Kaufbeurer Künstlerstiftung 2023 für ihr künstlerisches Schaffen ausgezeichnet. Katharina Briksi nutzt für ihre Werke Alltagsgegenstände, die sie künstlerisch neu interpretiert.

Fern Liberty Kallenbach Campbell, Studentin der Textilen Künste, erhielt das Internationale Arbeitsstipendium Los Angeles 2024 der Kunststiftung des Landes Sachsen-Anhalt. Ein weiteres Arbeitsstipendium ging an die ehemalige Meisterschülerin der Textilen Künste, Marlen Tennigkeit.

Eine Nominierung für den Bernhard-August-von-Lindenau-Förderpreis 2023/24 erzielte in diesem Jahr die Alumna der Textilen Künste, Katharina Gahlert.

Jacobo Cuesta Wolf, Künstlerischer Mitarbeiter der Innenarchitektur und Alumnus des Industrial Design, wurde der *silver award* der *C-IDEA Award* durch die C-Idea International Design Union verliehen und sicherte sich außerdem einen Platz auf der Shortlist des Fachblog DesignWanted.

Für seine Druckgrafik *I STARTED TO FIND ACCURATE WORDS TO DESCRIBE HOW I FELT ABOUT THE WORLD*, kam Marcus Wachter, Student des Kommunikationsdesigns, auf die Shortlist der International Poster Competition of Chaumont 2023.

Die Studierenden des Kommunikationsdesigns, Miriam Humm und Marcus Wachter, wurden für ihre Plakatgestaltung zur Ausstellung *sicher nicht* der Ausstellungsreihe ABC der Burg Galerie im Volkspark für die INTL's International Poster Competition 2023 ausgewählt.

Für eine ihrer Grafiken gewann Nataša Jeftic den 1. Platz der Wilhelm-und-Lotte-Neufeld-Stiftung im Jahr 2023.

Die Burg-Alumni Felix Herbst und Marcel Weissler gewannen mit ihrem Start-up *Needle Tools* in der Kategorie Best Technology beim Next-Reality-Contest 2023.

Friederike Dolinschek und Rosa Tuchel, Studierende der Buchkunst, teilten sich den mit 1.500 Euro dotierten Preis für innovative Buchkunst 2023, der von Familie Feenders in Emden ausgeschrieben wurde. Den Preis erhielten sie jeweils für Unikate zu Walt Whitmanns *Song of Myself*.

Max Greiner, Absolvent der Studienrichtung Industriedesign, zählt zu den Gewinner*innen des European Product Design Award 2023. Ausgezeichnet wurde er für seine Bachelorarbeit *ABOUT SLAG – TRANSFORMING POSTNATURAL MATERIAL* in der Kategorie Eco Design. *ABOUT SLAG* erforscht alternative Verwendungsmöglichkeiten für die Hochofenschlacke in Form von glasartigem Material und Metallbeschichtungen. Für die Arbeit erhielt er außerdem den Grassi Nachwuchspreis 2023.

Burg-Absolvent in der Studienrichtung Plastik/Keramik, Jan Herzog, belegte den ersten Platz beim Young Talents – internationaler Nachwuchspreis der Keramik Iznang 2023. Das Thema des Wettbewerbs war „Auf-Brechen/Broken-off".

GiebichenStein Designpreis 2023
→ S. 112

and an artistic assistant in Interior Architecture at BURG, was nominated for his work NEW GRID.

This year, the Brinckmann Förderpreis 2023, an award for young talents, was conferred on Alexandra Stein during the Museum für Kunst und Gewerbe Hamburg (MK & G) fair. The artist is an alumna of the Ceramics study programme at BURG and received the award for her ceramic series *Random Vessels*.

The product *CompoDry – Demontage durch Kompostierung*, (CompoDry – Disassembly by composting) is a work that explores the use of materials generated by microbes in small electrical appliances. The Industrial Design-Alumnus Eric Geißler, its designer, was honoured with the international Green Product Award.

Friederike von Hellermann, an assistant in Fundamentals of Design and Art at BURG, received the Judges Choice Award at the 2023 Oxford Fine Press Book Fair for her publication *BILINGUALes ANIMALisches ALPHABET.* The bilingual alphabet book features unique geometric formal language and individual animal portraits.

Anne Richter, a graduate of the Conceptual Textile Design master's programme, and Kristin Nebauer, also a graduate of Conceptual Textile Design and an artistic assistant in the Textile Design study programme at BURG, were awarded the eku Zukunftspreis 2023 in the category Idea by the Ministry for Energy, Climate, Environment and Agriculture of Saxony. The start-up project *pre•matter*, which aims to manufacture home and commercial textiles made from 100 % recycling fibres, received the award.

Magdalena Fahrner, a student in the Interior Architecture study programme, took third place in the Vario Design Competition 2023 with her work *Flip me*, a functional interface supported by a frame with a sophisticated folding mechanism.

Katharina Briksi, a student in the Jewellery study programme, received the Förderpreis der Kaufbeurer Künstlerstiftung 2022 for her artistic work. Katharina Briksi focuses on reinterpreting everyday objects in her works.

Fern Liberty Kallenbach Campbell, an alumna of the Textile Arts study programme, received the Internationale Arbeitsstipendium Los Angeles 2024 from the Saxony-Anhalt Arts Foundation. An additional Arbeitsstipendium went to Marlen Tennigkeit, a former Meisterschüler in Textile Arts.

Katharina Gahlert, a graduate of the Textile Arts study programme, was nominated for the Bernhard-August-von-Lindenau-Förderpreis 2023/24 this year.

Jacobo Cuesta Wolf, an alumnus of the Industrial Design master's programme and an artistic assistant in Interior Architecture, received the silver award of the C-IDEA Awards conferred by the C-Idea International Design Union and also secured a place on the shortlist of the DesignWanted Award.

For his art print *I STARTED TO FIND ACCURATE WORDS TO DESCRIBE HOW I FELT ABOUT THE WORLD*, Marcus Wachter, a student in the Communication Design study programme, made the shortlist of the 2023 International Poster Competition of Chaumont.

Miriam Humm and Marcus Wachter, Communication Design students, were selected for the 2023 INTL's International Poster Competition for their poster design for the exhibition *sicher nicht* (surely not/not safe) in the exhibition series *ABC* of Burg Gallery in the Volkspark.

For one of her graphical works, Nataša Jeftic received first place in the Wilhelm-und-Lotte-Neufeld-Stiftung, a foundation for the support of book arts, in 2023.

BURG alumni Felix Herbst and Marcel Weissler were the winners of the category Best technology in the 2023 Next Reality Contest with their start-up *Needle Tools.*

Friederike Dolinschek and Rosa Tuchel, students in the Book Arts study programme, shared the Preis für innovative Buchkunst 2023 endowed with €1,500 and organised by the Feenders family from Emden. They received the award for unique works for Walt Whitman's *Song of Myself*.

Max Greiner, a graduate of the Industrial Design study programme, is among the winners of the European Product Design Award 2023. He received the award for his bachelor's thesis *ABOUT SLAG – TRANSFORMING POSTNATURAL MATERIAL* in the category Eco design. *ABOUT SLAG* researches alternative options for using blast furnace slags in the form of glass-like material and metal coatings. Greiner also received the 2023 Grassi Young Talents Award for his work.

A BURG graduate in the Plastic Arts/Ceramics study programme, Jan Herzog took first place in the Young Talents – internationaler Nachwuchspreis der Keramik Iznang 2023 competition. The theme of the competition was "Auf-Brechen/Broken-off".

2023 GiebichenStein Design Prize
→ p. 112

PRIZES AND AWARDS 2024

In chronological order, the selected prizes, honours, and awards that university teachers, students or recent graduates received in 2024 are presented here.

The former professor for foundations of art, painting and graphic arts at BURG, Rainer Schade, received the Order of Merit of the Federal Republic of Germany for his outstanding voluntary engagement in the Verein Leipziger Jahressausstellung, the non-profit association that organises the annual art exhibition in Leipzig. He received the award from Minister President Michael Kretschmar in the Saxony state chancellery in Dresden.

2024 Saalesparkasse Foundation Art Award
→ p. 154

PREISE UND AUSZEICHNUNGEN 2024

In chronologischer Reihenfolge werden ausgewählte Preise, Anerkennungen und Auszeichnungen aus dem Jahr 2024 vorgestellt, die Hochschullehrer*innen, Studierende oder Absolvent*innen, die noch nicht lange die Hochschule verlassen haben, erhielten.

Der ehemalige Professor für Bildnerische Grundlagen, Malerei und Grafik an der BURG, Rainer Schade, erhielt den Verdienstorden der Bundesrepublik Deutschland. Er wurde ihm für sein herausragendes ehrenamtliches Engagement für den Verein Leipziger Jahressausstellung e. V. von Ministerpräsident Michael Kretschmar in der Sächsischen Staatskanzlei Dresden überreicht.

Kunstpreis der Stiftung der Saalesparkasse 2024
→ S. 154

Den Bayrischen Staatspreis für besondere gestalterische Leistung 2024 gewinnen die Textildesign-Absolventin der BURG, Nora Lardon, für ihr Werk Textil „*Untitled Nr. 5*“ sowie Keramik-Studentin Maya Fenderl für *Vasenobjekt 90s* Sunset.

Dorothea Prühl, ehemalige Professorin der Studienrichtung Schmuck an der BURG, erhielt den Bayrischen Staatspreis 2024 für das künstlerische Lebenswerk.

Die Burg-Absolventin Emika Sekine wird mit dem seit 2023 verliehenen Worpswede-Stipendium der Burg Giebichenstein Kunsthochschule Halle und dem Worpswede Künstler*innenHäuser e. V. ausgezeichnet. Die künstlerische Reichhaltigkeit ihrer Skulpturen überzeugte die Jury.

Auf der Shortlist des one & twenty Wettbewerb für Designstudierende und Absolvent*innen des Rates für Formgebung Medien GmbH | German Design Council 2024 waren Beiträge von Burg-Studierenden vertreten: Eva Ausmanns Seminarprojekt *Hugu*, die *MFG MOBILE SAUNA* von Sophia Reißenweber, Emil Löber und Friedrich Gerlach sowie Josua Roters Masterarbeitsprojekt *Cable Mania* und die gemeinsame Bachelorarbeit *Open Cyclone* von Lion Sanguinette und Jonathan Stein.

Josua Roters, Student des Industriedesigns an der BURG, gewinnt zum zweiten Mal beim internationalen one & twenty Designettbewerb. Seine Abschlussarbeit *Cable Mania* besteht aus einer sechsteiligen Kollektion von Objekten, die das Kabel als Gestaltungselement im Design fokussieren.

Beim one & twenty Designwettbewerb ausgezeichnet wurden ebenfalls Lion Sanguinette und Jonathan Stein, Industriedesign-Studierende der BURG, mit ihrer Abschlussarbeit *Opencyclon* – einem Staubsauger, der in verschiedenen Komplexitätsstufen hergestellt werden kann.

Jungwoon Lee ist Finalist für den Preis für Junges Kunsthandwerk des Bayrischen Kunstgewerbevereins 2024. Der Burg-Absolvent der Studienrichtung Produktdesign / Keramik- und Glasdesign im Studiengang Industriedesign überzeugte mit seiner Arbeit *Furtho*.

Eric Geißler, Absolvent des Studiengangs Industrial Design an der BURG, erhält den Green Concept Award 2024 in der Kategorie *Beauty & Personal Care* für *Compodry* – ein Haartrockner aus kompostierbaren Materialien.

Einen weiteren Green Concept Award in der Kategorie *New Materials* gewinnt Marianne Sellmaier für ihre Masterarbeit *infused earth*. Dabei handelt es sich um ein Forschungsprojekt, in dem das Material Lehm durch die digitale Fertigung des 3D-Drucks erweitert wird.

Martha Sophie Kikowatz erhält den Förderpreis der Wilhelm-Lorch-Stiftung für ihre Masterarbeit im Studiengang Conceptual Textile Design, die sich mit Dematerialisierung und Digitalisierung in der Textilindustrie beschäftigt.

Burg-Absolventin Valena Ammon, wurde mit ihrer Arbeit *traces of cobalt* für den European Glass Ceramic Context 2024 nominiert. *Traces of cobalt* beschäftigt sich mit dem Werkstoff Kobalt, welcher in einer Vielzahl von Anwendungen wie Magneten, Batterien, Halbleiterchips, Strahlengeräten, Manganknollen und sogar in Lebewesen zu finden ist.

Judith Burgard studiert Industriedesign an der BURG und wurde für die Shortlist des Österreichischen Staatspreises Design 2024 für die Kategorie *Produktgestaltung – Interior* nominiert. Sie überzeugte die Jury mit einem Stuhl aus ihrer Möbelserie *INSTANT*.

Catherina Stuckmann und Marco Mehringer, Industrial Design-Studierende der BURG, waren Finalist*innen im Wettbewerb 3D Pioneers Challenge für ihr Projekt *what a mesh*. Auf der Fachmesse *rapid.Tech 3D* wurde ihre Arbeit ausgestellt.

Die künstlerischen Mitarbeitenden der Zeitbasierten Künste an der BURG, Paul Hauptmeier und Martin Recker, wurden für ihre Soundinstallation mit der Special Mention der Biennale in Venedig ausgezeichnet. Dort begleiteten sie mit ihrer Komposition die immersive Installation *Erklingende Stille aus Metall und Leder* der Künstlerin Doruntina Kastrati.

Jacobo Cuesta Wolf, Master-Absolvent im Industrial Design an der BURG, erhielt im Rahmen des *Lodz Design Festivals* den make me! Design Award für sein Hochschulprojekt *New Grid*. Dabei handelt es sich um ein variables Regal-System, das im Sommersemester 2022 an der BURG entstanden ist und ohne Schrauben hält.

Den 2. Platz des BKV-Preises 2024 für Junges Kunsthandwerk belegte Burg-Meisterschüler der Studienrichtung Keramik, Philsoo Heo. Er überzeugte die Jury mit der Installation *Fünf Elemente* aus Keramik, Wachs und Glasschalen.

Den diesjährigen Sonderpreis des Theodor-Fischer-Preises erhielt Bettina Nagler, Absolventin des Studiengangs Design Studies an der Burg Giebichenstein Kunsthochschule Halle für ihre Masterarbeit *Form wie Fauxpas – der Einfluss der Frauenbewegung auf die Architekturproduktion der IBA 87 Berlin am Beispiel des Frauenstadtteilzentrums Schokofabrik und des IBA-Blocks 2 Emanzipatorisches Wohnen*.

The Textile Design graduate from BURG, Nora Lardon, received the Bavarian State Prize 2024 for outstanding design achievement in artisan craftsmanship for her work *Textil Untitled Nr. 5* (Textile Untitled no. 5), as did the Ceramics student Maya Fenderl for *Vasenobjekt 90s Sunset (Vase object '90s sunset).*

Dorothea Prühl, a former professor in the Jewellery study programme at BURG, received the Bavarian State Prize 2024 for her artistic life's work.

The BURG alumna Emika Sekine received the Worpswede Scholarship from Burg Giebichenstein University of Art and Design Halle and Künstlerhäuser Worpswede e.V., a joint scholarship granted since 2023. The artistic richness of her sculptures impressed the jury.

The following contributions by BURG students made the shortlist of the 2024 one & twenty Competition for design students and graduates of the Rates für Formgebung Medien GmbH | German Design Council: Eva Ausmann's seminar project *Hugu*, the *MFG MOBILE SAUNA* by Sophia Reißenweber, Emil Löber and Friedrich Gerlach, as well as Josua Roters's master's thesis project *Cable Mania* and the joint bachelor's thesis *Opencyclone* by Lion Sanguinette and Jonathan Stein.

Josua Roters, an Industrial Design student at BURG, received an award for the second time from the international one & twenty design competition. His thesis work *Cable Mania* comprises a six-piece collection of objects that focus on cable as a design element.

Lion Sanguinette and Jonathan Stein, Industrial Design students at BURG, also received and award from the one & twenty design competition for their thesis work *Opencyclone* – a vacuum cleaner that can be manufactured in different levels of complexity.

Jungwoon Lee was a finalist in the BKV-Preis 2024 für Junges Kunsthandwerk, an award conferred on young talents. The graduate of the Product Design/Ceramics and Glass Design study programme in Industrial Design at BURG impressed the jury with his work *Furtho*.

Eric Geißler, a Burg Industrial Design graduate, received the 2024 Green Concept Award in the category Beauty & personal care for ***Compodry*** – a hairdryer made of biodegradable materials.

Marianne Sellmaier also won the Green Concept Award in the category *New materials* for her master's thesis *infused earth*. In the research project, the designer enhanced the material clay by means of the digital manufacturing method 3D printing.

Martha Sophie Kikowatz received the Förderpreis der Wilhelm-Lorch-Stiftung, an award for young talents, for her master's thesis in the Conceptual Textile Design programme. She examined dematerialisation and digitalisation in the textile industry.

Burg alumna Valena Ammon was nominated for European Glass Ceramic Context 2024 with her work *traces of cobalt*. traces of cobalt examines the material cobalt, which is found in diverse applications such as magnets, batteries, semiconductor chips, radiation devices, manganese nodules and even living beings.

Judith Burgard, who studies Industrial Design at BURG, was nominated for the shortlist of the Österreichischen Staatspreises Design 2024 , the Austrian design award, in the category *Product design – Interior.* She impressed the jury with a chair from her furniture series *INSTANT*.

Catherina Stuckmann and Marco Mehringer, Industrial Design students at BURG, were finalists in the contest 3D Pioneers Challenge with their project *what a mesh*. The work was exhibited at the *rapid.Tech 3D* trade fair.

For their sound installation, the artistic assistants in Time-based Arts at BURG, Paul Hauptmeier und Martin Becker, received a Special Mention from the Venice Biennale With their composition, they accompanied the immersive installation *Erklingende Stille aus Metall und Leder* (The Echoing Silences of Metal and Skin) by the artist Doruntina Kastrati.

Jacobo Cuesta Wolf, a graduate of the Industrial Design master's programme at BURG, received the make me! Design Award as part of the *Lodz Design Festival* for his university project *New Grid*. He designed a variable shelf system held together without screws in summer semester 2022 at BURG.

Philsoo Heo, a BURG Meisterschüler in the Ceramics study programme, achieved second place in the BKV-Preis 2024 für Junges Kunsthandwerk. Heo impressed the jury with the installation *Fünf Elemente (*Five elements), comprising ceramic, wax and glass bowls.

This year's Sonderpreis des Theodor-Fischer-Preises went to Bettina Nagler, a graduate of the Design Studies study programme at Burg Giebichenstein University of Art and Design Halle Giebichenstein Kunsthochschule Halle for her master's thesis *Form wie Fauxpas – der Einfluss der Frauenbewegung auf die Architekturproduktion der IBA 87 Berlin am Beispiel des Frauenstadtteilzentrums Schokofabrik und des IBA-Blocks 2 Emanzipatorisches Wohnen* (Both form and faux pas – The influence of the women's movement on the architectural production of the IBA 87 Berlin as seen in the women's neighbourhood centre Schokofabrik and the IBA Block 2 Emancipatory living).

Leon Adrian Habig, a student in the Product Design/Ceramics and Glass Design study programme achieved second place in the Glass Design Award 2024 of the Gerhard Bürger Foundation. The title of this year's competition was *Glasshorizon*. Leon Adrian Habig submitted his work *Whopper*.

For her research and critical work in the field of material flows and materials, Valena Ammon, an alumna of Product Design/Ceramics and glass design at BURG, was selected for the dieDAS fellowships programme sponsored by *dieDAS Design Akademie Saaleck*.

The master student in the Industrial Design study programme Marvin Kasper received the Red Dot Design Award 2024 for his wardrobe *Stummer Diener – R50* (Suit stand – R50). The jury was impressed by the elegant,

Den 2. Platz beim Glass Design Award 2024 der Gerhard-Bürger-Stiftung belegte Leon Adrian Habig, Student in der Studienrichtung Produktdesign/Keramik- und Glasdesign. Der Titel des Wettbewerbs lautete *Glasshorizon*. Leon Adrian Habig gewann mit seiner Arbeit *Whopper*.

Valena Ammon wurde von der *dieDAS Design Akademie Saaleck* für ihr forschendes und kritisches Arbeiten im Bereich Stoffströme und Material für das dieDAs fellowships-Programm ausgewählt.

Master-Student im Studiengang Industrial Design, Marvin Kasper, erhielt den Red Dot Design Award 2024 für seine Garderobe mit dem *Titel Stummer Diener – R50*. Die Jury beeindruckte die elegante und zeitgemäße Neuinterpretation eines traditionellen Kleiderständers sowie die umweltfreundliche Herstellung.

Burg-Student in der Studienrichtung Keramik, Yoo Chun Woo, wurde für seine Keramikobjekte zum Thema *Die Schönheit der Risse* der Walter-Gebauer-Keramikpreis 2024 verliehen.

Gregor Simon, Burg-Student im Kommunikationsdesign mit dem Schwerpunkt Typografie, wurde in die Studienstiftung des Deutschen Volkes aufgenommen. Ebenso Ruth Pietschmann, Studentin im Modedesign an der BURG.

Studentin der Studienrichtung, Malerei/Glas, Luise von Cossart, erhielt ein Stipendium für die Pilchuck Glass School in Seattle, USA, über das Förderprogramm für Künstler*innen mit Glasschwerpunkt der Alexander-Tutsek-Stiftung.

Dem ehemaligen Kanzler der BURG, Wolfgang Stockert, wurde für sein weit über die dienstlichen Pflichten hinausgehendes Engagement im Bereich der Wissenschaftskultur das Bundesverdienstkreuz der Bundesrepublik Deutschland verliehen. Ministerpräsident Dr. Reiner Haseloff überreichte ihm den Orden in der Magdeburger Staatskanzlei. Verliehen wurde er von Bundespräsident Dr. Frank-Walter Steinmeier. Mit größtem persönlichem Einsatz prägte er zudem die Neustrukturierung der Kunsthochschule nach der Wiedervereinigung. Nach 24-jähriger Tätigkeit für die Burg Giebichenstein Kunsthochschule Halle endete die Amtszeit von Wolfgang Stockert im September 2017.

Nari Haase, Burg-Alumna im Masterstudiengang Conceptual Textile Design, wurde für ihre schriftliche Masterarbeit *Sichtbar nachhaltig – Überlegungen zu einer ökologischen lesbaren Ästhetik* mit dem Wilhelm-Braun-Feldweg-Förderpreis ausgezeichnet. Dieser wird für designkritische Texte vergeben.

Für ihr Start-Up *Needle Tools* erhielten die Burg-Alumni des Studiengangs Mulimedia|VR-Design, Felix Herbst und Marcel Wiessler, folgende Auszeichnungen: Den Auggie Award in der Kategorie *Best in Show*, den 2. Platz beim Wettbewerb Digitale Erfolgsgeschichten der IHK Magdeburg, den MIT Reality Hack Preis in den Kategorien *Grand Prize, Social XR, Arts & Culture, Living Harmony* sowie die *Meta Presence Platform Honorable mention* des MIT Reality Hackathon 2024 für die Arbeit *In arms Reach made by Needle Engine*. Felix Herbst war außerdem mit *Needle Tools* in der Kategorie *Developer of the Year* bei den The Polys WebXR Awards.

Sophia Reißenweber, Burg-Alumni aus dem Industriedesign, wurde mit ihrer Arbeit *Flushed* in die Dauerausstellung *Schätze der Zukunft* des FUTURIUMs in Berlin aufgenommen. Bei *Flushed* handelt es sich um Klopapier, was im Wasser gelöste Schadstoffe verstoffwechseln kann.

contemporary reinterpretation of a traditional coat stand and the environmentally friendly production process.

Yoo Chun Woo, a student in the Ceramics study programme at BURG, received the Walter-Gebauer-Keramikpreis 2024 for his ceramic objects on *Die Schönheit der Risse* (The beauty of cracks).

The German Academic Scholarship Foundation has accepted Gregor Simon, a Communication Design student at BURG with a focus on typography. The Foundation also accepted Ruth Pietschmann, a Fashion Design student at BURG.

A student in the Painting/Glass study programme, Luise von Cossart, received a scholarship for the Pilchuck Glass School in Seattle, USA through the Support Program for artists focusing on glass of the Alexander Tutsek-Stiftung.

The former chancellor of BURG, Wolfgang Stockert, received the Order of Merit of the Federal Republic of Germany for his extraordinary commitment to the scientific culture from Dr Frank-Walter Steinmeier, the German president. Minister President Reiner Haseloff conferred the honour in the Magdeburg state chancellery. With a high level of personal engagement, Stockert left his mark on the restructuring of the university of art and design after German Reunification. After working for Burg Giebichenstein University of Art and Design Halle for 24 years, Stockert's term in office ended in September 2017.

Nari Haase, a BURG alumna in the Conceptual Textile Design master's programme, received the Wilhelm-Braun-Feldweg-Förderpreis for her written master's thesis *Sichtbar nachhaltig – Überlegungen zu einer ökologischen lesbaren Ästhetik* (Visibly sustainable – Thoughts on an ecologically readable aesthetic). The award is conferred for texts that contribute to the design discourse.

For their start-up *Needle Tools*, Felix Herbst und Marcel Wiessler, BURG alumni in the Multimedia | VR Design study programme, received the following awards: the Auggie Award in the category *Best in show*, second place in the competition Digitale Erfolgsgeschichten of IHK Magdeburg, the MIT Reality Hack Award in the categories *Grand prize, Social XR, Arts & culture, Living harmony* and a *Meta Presence Platform honourable mention* in the MIT Reality Hackathon 2024 for the work *In Arms Reach made by Needle Engine*. Felix Herbst was named *Developer of the Year* with *Needle Tools* in the Polys WebXR Awards.

With her work *Flushed*, Sophia Reißenweber, an alumna of Industrial Design at BURG, was accepted into the permanent exhibition *TREASURES OF THE FUTURE* of FUTURIUM in Berlin. The work is about toilet paper that can metabolise harmful substances that are water-soluble.

Impressum

Konzept
Heidi Ballhausen, Brigitte Beiling, Rektorat, Luka Löhner, Fabian Steidl

Redaktionsleitung
Heidi Ballhausen

Redaktionsteam
Brigitte Beiling, Lisa-Marie Müller, Maria Schiekel, Michelle Sorin

Lektorat
Heidi Stecker

Übersetzung
Kate Abbott, Heidi Ballhausen

Redaktionsschluss
12. Juli 2024

Gestaltung
Luka Löhner, Fabian Steidl

Art Direction
Matthias Görlich

Schriften
ABC Diatype (Dinamo), Raster (Jakob Petersen)

Papier
Arena Natural Rough 120g/m², Maxigloss 150g/m², Constellation Snow E49 350g/m²

Lithografie
Studio kela-mo

Druck
Hochschuldruckerei

Bindung
Buchbinderei Müller, Leipzig

Auflage
1.200

Herausgegeben vom Rektorat der Burg Giebichenstein Kunsthochschule Halle

Neuwerk 7
06108 Halle (Saale)
Germany

Bibliografische Informationen der Deutschen Nationalbibliothek:

Die Deutsche Nationalbibliothek verzeichnet diese Publikation in der Deutschen Nationalbibliografie; detaillierte bibliografische Daten sind im Internet über dnb.dnb.de abrufbar.

ISBN 978-3-86019-197-2

Alle Bildrechte werden nach bestem Wissen recherchiert. Wir bitten im Voraus um Entschuldigung für mögliche unbeabsichtigt nicht genannte Bildrechte.

Bildnachweis
Nike Bätzner: 105↑
Sven Bergelt: 039, 154-169
Lena Beetz: 152↑
Anselm Burchard: 220
Sara Burkhardt: 104↑
Luise von Cossart: 067, 100, 104↓, 105↓
distaff studio: 081, 082
Stella Geppert: 014, 172-179
Hanna Gintrowski: 129↑
Martin Hensel: 045↓
Michel Klehm: 024, 028-031, 034, 035↑, 036, 055, 068-079, 098, 112, 115, 117, 119↓, 121, 123, 125, 130↑, 131, 184, 220↑, 220→222↖, 222↙, 083, 084, 086-096, 193-208
Volker Krone: 108←
Max Méndez: 014, 018, 024-027, 032,033, 035↓, 037, 040-044, 045↑, 058-065, 107, 119↑, 119←, 127, 129→, 129↓, 130↓, 134-145, 210, 211
Patrick Müßiggang: 190
Tim Nowitzki: 085
Catherina Rocio: 148, 152↓, 153
Fabian Steidl: 053, 146, 222→
YCSWU: 048-051
Raimund Zakowski: 108→

Wie gefällt Ihnen unser Jahrbuch?
Schreiben Sie uns: jahrbuch@burg-halle.de

Imprint

Concept
Heidi Ballhausen, Brigitte Beiling,
Rectorate, Luka Löhner, Fabian Steidl

Chief editor
Heidi Ballhausen

Editorial team
Brigitte Beiling, Lisa-Marie Müller,
Maria Schiekel, Michelle Sorin

Copy editing
Heidi Stecker

Translation
Kate Abbott, Heidi Ballhausen

Editorial deadline
12 July 2024

Design
Luka Löhner, Fabian Steidl

Art direction
Matthias Görlich

Typefaces
ABC Diatype (Dinamo),
Raster (Jakob Petersen)

Paper
Arena Natural Rough 120g/m²,
Maxigloss 150g/m²,
Constellation Snow E49 350g/m²

Lithography
Studio kela-mo

Printed by
University printing shop

Bound by
Buchbinderei Müller, Leipzig

Number of copies
1.200

Published by Rector's office of Burg
Giebichenstein University of Art and Design

Neuwerk 7
06108 Halle (Saale)
Germany

Bibliografic information published by the Deutsche Nationalbibliothek:

The Deutsche Nationalbibliothek lists this publication in the Deutsche Nationalbibliographie; detailed bibliographic data are available at dnb.dnb.de.

ISBN 978-3-86019-197-2

Every effort has been made to trace and contact the copyright holder of the images reproduced in this book. We apologise in advance for any unintentional omissions.

Photo credits
Nike Bätzner: 105↑
Sven Bergelt: 039, 154 - 169
Lena Beetz: 152↑
Anselm Burchard: 220
Sara Burkhardt: 104↑
Luise von Cossart: 067, 100, 104↓, 105↓
distaff studio: 081, 082
Stella Geppert: 014, 172 - 179
Hanna Gintrowski: 129↑
Martin Hensel: 045↓
Michel Klehm: 024, 028 - 031, 034, 035↑, 036, 055, 068 - 079, 098, 112, 115, 117, 119↓, 121, 123, 125, 130↑, 131, 184, 220↑, 220→ 222↖, 222↙, 083, 084, 086 - 096, 193-208
Volker Krone: 108←
Max Méndez: 014, 018, 024 - 027, 032,033, 035↓, 037, 040 - 044, 045↑, 058 - 065, 107, 119↑, 119←, 127, 129→, 129↓, 130↓, 134 - 145, 210, 211
Patrick Müßiggang: 190
Tim Nowitzki: 085
Catherina Rocio: 148, 152↓, 153
Fabian Steidl: 053, 146, 222→
YCSWU: 048 - 051
Raimund Zakowski: 108→

How do you like our yearbook?
Please let us know: jahrbuch@burg-halle.de